U0467053

姚传华◎主编

三国的故事

SANGUO DE GUSHI

（合肥篇）

ARTTIME 时代出版

时代出版传媒股份有限公司

安徽文艺出版社

图书在版编目（CIP）数据

三国的故事.合肥篇/姚传华编著.--合肥：安徽文艺出版社,2021.7
ISBN 978-7-5396-7195-6

Ⅰ.①三… Ⅱ.①姚… Ⅲ.①合肥—地方史—三国时代—通俗读物 Ⅳ.①K295.41-49

中国版本图书馆 CIP 数据核字(2021)第 072343 号

出 版 人：段晓静
责任编辑：韩　露　　　　装帧设计：徐　睿

出版发行：时代出版传媒股份有限公司　www.press-mart.com
安徽文艺出版社　www.awpub.com
地　　址：合肥市翡翠路 1118 号　邮政编码：230071
营 销 部：(0551)63533889
印　　制：合肥创新印务有限公司　(0551)64456946

开本：880×1230　1/32　印张：5　字数：140 千字
版次：2021 年 7 月第 1 版
印次：2021 年 7 月第 1 次印刷
定价：58.00 元

(如发现印装质量问题，影响阅读，请与出版社联系调换)

序

二龙争战决雌雄，赤壁楼船扫地空。烈火张天照云海，周瑜于此破曹公。赤壁大战后，刘备占据荆州向云贵川拓展，孙权巩固了江东的统治，屯兵江岸觊觎江淮沃土，而曹操经历赤壁惨败后再也无力战胜孙、刘两大军事集团，魏、蜀、吴三国鼎立局面就此形成。

然，老骥伏枥，志在千里。烈士暮年，壮心不已！八百里巢湖阻挡不住一代枭雄一统天下的霸主雄心！从此，金戈铁马，雄师百万屯合肥；战旗猎猎，千舟竞帆战大湖；巢湖春涨裕溪深，多少将士葬湖中！

史料记载：自公元208年赤壁大战后，曹操率水陆大军四次南征，两攻濡须坞而不破，四渡巢湖而不过；孙权率领水陆大军五攻合肥城而不破，逍遥津一战狼狈而逃，险些被张辽生擒。此后，曹操之子魏文帝曹丕、之孙魏明帝曹叡，近四十年的烽火岁月,魏、吴两国围绕边城合肥展开大小上百次的战争,也给合肥留下了诸如教弩台、逍遥津、张辽墓、曹植墓、斛兵塘、飞骑桥、操兵巷、回龙桥、八斗岭、曹操河、将军岭、十八岗三国新城遗址等珍贵的三国历史遗迹,以及张辽大战逍遥津、筝笛浦、藏舟浦、曹操鸡、鸡鸣山、旱马槽水马槽、望梅亭等脍炙人口的三国民间故事。

览遗踪,胜读史书千言。几度东风吹世换,千年往事随潮去。三国距我们已经一千八百多年了,这段灿烂的历史在无情的岁月面前渐行渐远已经模糊,现在还有多少人了解这段历史?还有多少人知晓合肥还有如此众多的三国遗迹及精彩的三国故事?

一座城市,就是一部历史。今天我们做的许多事,就是未来这座城市的历史。当下,合肥作为长三角城市群副中心、国家创新型城市,正迎来一次前所未有的发展机遇,而一座现代化大都市的诞生需要厚重的历史文化做支撑。

习近平总书记在考察北京规划时指出,历史文化是城市的灵魂,我们要像爱护生命一样保护好城市的历史文化遗产。

"三国故地,包公故里,淮军摇篮"是合肥的三张历史名片,我们要保护好传承好!

为弘扬三国历史文化、讲好合肥故事,我们在没有经费来源的情况下，自费走访考察撰稿，完成了这本《三国的故事》（合肥篇），我们将继续发挥研究会的优势，编撰出更多更精彩的本土三国故事。

合肥三国历史文化研究会

2020年6月

目　录

CONTENTS

小霸王智取合肥城

撰稿：姚传华

合肥简称“庐”或“合”，古称“庐州”“庐阳”“合淝（肥）”。因南淝河（古称施水）与东淝河（古称淝水）发源于此地西边的江淮分水岭，由此得名“合肥”。

史料记载，新石器时代，合肥便有人类在此活动。春秋战国时期，先后属楚、吴、越。始皇二十六年（前221年），秦始皇采纳丞相李斯的建议取消分封制，推行郡县制，废诸侯，立郡县，分天下为三十六郡，合肥始设县，有了最早的城池。地理志《太平寰宇记》记载，“汉合肥县城池”大致在今天的四里河附近，为合肥侯鉴谭所建，面积很小，史称“汉城”。到了东汉末年，军阀混战，合肥城池被废弃。

建安五年（200年），扬州刺史刘馥单骑赴任，重建合肥城，立州治。重建的合肥城大约在今天的五里墩位置。至三国鼎立的魏明帝时期，征东将军满宠请奏魏明帝曹叡批准，在合肥西三十里建新城，屯兵抗击孙吴，即今天的三十岗三国遗址公园。

西晋，废新城，回到原先汉城位置重建合肥城。

唐贞观年间，大将军尉迟敬德重建合肥城，因城内有条金斗河，史称“金斗城”或“唐城”。

南宋，淮西帅郭振率部屯扎合肥，大规模扩建城池，基本形成了今老环城马路范围内合肥古城的初貌。

少年时的孙策[①]及家人随父居住在寿春（今安徽寿县），孙策便在父亲孙坚[②]的安排下习文弄武，广交朋友。

周瑜[③]慕孙策之名，专程到寿春拜访。周、孙两人同岁，孙策大周瑜一个月，均少年有志，杰出通达，二人于寿春一见如故。

中平六年（189 年），汉灵帝驾崩，董卓胁迫何太后立陈留王为帝，意图执掌朝政，引发各路军阀讨伐。是时，孙坚率部前去讨伐董卓，周瑜前来寿春劝说孙策携母亲、弟弟及家人移居舒县，孙策应允。孙策一家从寿春搬迁至舒县后，周瑜腾出自家房子，安排孙策一家居住。在舒县，孙策结交了很多社会上流人

---

① 孙策（175—200），字伯符，吴郡富春（今浙江杭州富阳区）人。破虏将军孙坚长子，吴大帝孙权长兄。东汉末年割据江东一带的军阀，汉末群雄之一，孙吴政权的奠基者之一。罗贯中的《三国演义》中称其武勇犹如霸王项羽，绰号“小霸王”。

② 孙坚（155—191），字文台，吴郡富春（今浙江杭州富阳区）人。东汉末年将领、军阀，孙吴政权的奠基人之一。

③ 周瑜（175—210），字公瑾，舒县（今安徽庐江）人，洛阳令周异之子。

物，江淮一带的名士都来投奔他。

初平二年(191 年)，孙策的父亲孙坚攻打荆州被荆州牧刘表的部下黄祖所杀。孙策时年十七岁，在周瑜的帮助下，孙策将父亲遗骸收殓运回江南曲阿(今江苏丹阳)安葬后，由舒县举家迁到江都(今江苏扬州)。

为继承父亲孙坚的遗业，孙策屈事袁术。兴平二年(195 年)，孙策东渡长江，进攻樊能、于麋，又在当利口袭击张英，并以曲阿为据点，与扬州刺史刘繇进行决战，大败刘繇。建安元年(196 年)，孙策率兵进攻会稽王朗和吴郡严白虎。建安二年(197 年)，袁术在寿春称帝，建号仲氏，以九江太守为淮南尹，置公卿百官，郊祀天地。袁术悖逆引发曹操、刘备、吕布、孙策愤懑，孙策与袁术决裂。同年夏，汉廷为表其忠，任命其为骑都尉，袭父爵乌程侯，兼任会稽太守。建安三年(198 年)，汉廷任命孙策为讨逆将军，并封为吴侯。

建安四年(199 年)，孙策与曹操、刘备、吕布一起向寿春发起攻势讨逆袁术。欲进攻寿春，合肥是必经之道，而守卫合肥的便是袁术的旧部——庐江太守刘勋。孙策知晓刘勋的势力，不敢轻举妄动。周瑜献计，皖城地处山里，消息闭塞，未必知晓主公已经反叛袁术，让孙策准备一批金银财宝，亲书卑下信札派使节前往皖城(今安庆潜山境)，请求与刘勋一起攻打上缭城(今江西南昌北)；同时，组织一支部队，沿长江水陆并进，迷惑刘勋，一旦计谋成功，大军迅即从长江经濡须河入巢湖沿淝水进占合肥，攻占合肥后，以此为据点向寿春发起攻势。

谋士鲁肃认为周瑜此计谋甚好，表示赞同。

孙策采纳了周瑜的建议，亲书一封言辞卑微的信札，准备一些金银珠宝，派鲁肃前往皖国拜会刘勋。鲁肃携带几箱金银珠宝及孙策亲笔，乘坐马车，沿着长江北岸一路风尘地赶到皖国拜见刘勋。刘勋乃青州琅琊人士，曾任沛国建平县令，与曹操有过交往。

却说兴平二年（195 年）袁术派孙策攻破庐江后，即任命刘勋为庐江郡太守。刘勋并不知晓孙策已经反叛，作为同属袁术的部下，刘勋看完孙策言辞卑微的求助信，满心欢喜，当即亲笔给孙策回信一封，信里写道，只要孙军西进抵达秋浦便发兵前往秋浦与孙军会合。

鲁肃走后，刘勋谋士刘晔提醒刘勋谨防有诈。刘勋也感到有些疑惑，以孙策势力无须他出兵相助，以小霸王的个性也不会屈服于他，遂派出多路探马前往江东打探。

鲁肃携带刘勋信札星夜兼程返回曲阿，孙策看完刘勋的信札，连连夸奖周瑜道："公瑾神算也！"随即下令，大将陈普、黄盖、韩当，孙静、孙贲、孙河，水陆两军沿长江西进。

派出的探马陆续返回报告，孙策的西征大军已经沿长江西进，旌旗飘扬，战船连绵数十里。刘勋接探马报告后，命刘表部将黄祖留守皖城，亲率大军前往秋浦与孙军会合。

当刘勋信心满满地率领大军赶往秋浦迎接孙策大军西进会

合一起前往攻打上缭城时，探马来报，孙策大军已经从长江转入濡须河向巢湖而去。直到这时，刘勋才明白自己上当了，孙策攻击的目标是合肥城！刘勋下令大军返回，同时，命黄祖率部赶赴合肥增援。

等黄祖率领增援部队赶来合肥时，孙策已经率部攻入合肥城，城门上已经飘扬起孙军大旗。黄祖不敢轻易冒犯，带领部队返回皖城。攻下合肥城后，孙策留下一支部队守城，命顾雍为合肥长。他们与周瑜、鲁肃率领大队人马向寿春进发，与曹操、刘备、吕布一起讨逆袁术。

当大队人马赶至岗子集的时候，探马来报，叛逆袁术在曹操、刘备两路大军的夹击下败逃寿春，携家带小前往皖城投奔刘勋，曹操、刘备跟踪追击，孙策也加入追击行列。

刘勋接报袁术前来投奔，很是高兴，正准备亲自出城门迎接，可探马报告，袁术身后有曹操、刘备、孙策三路大军追击。于是，刘勋紧闭城门拒绝袁术入内。可悲，一代奸雄只得离开皖城，携带家小藏匿山野，落草为寇，次年，吐血而死。

刘勋则投靠曹操，任征俘将军，表为河内太守。后因恃宠而骄，图谋不轨、诽谤等罪行被李申成告发而被诛杀。

孙策攻占合肥后，率部南下将庐江、历阳（今和县）等地尽数攻克，变为吴军领地后返回曲阿。

建安五年(200 年)初，孙策率部夺取豫章郡后统一江东。同年四月，孙策准备发兵北上，在丹徒狩猎时为许贡门客所伤，不久后身亡，年仅二十六岁。其弟孙权接掌孙策势力，并于称帝后，追谥孙策为长沙桓王。

刘馥[①]单骑走合肥

撰稿:姚传华

孙策虽然占领了合肥,但连年战乱,民不聊生,合肥几乎成为一座荒废的空城,加之合肥百姓惧怕“蛮兵”,原来留住城里的百姓大多逃到城外。留下守城的顾雍将这一情况报告孙策,孙策便下令放弃合肥。

却说孙策撤走部队后,曹操便向朝廷奏表扬州刺史刘馥由历阳(安徽和县)前来合肥重建城池。

扬州(与今江苏扬州无关)始置于西汉元封五年(前 106 年),为西汉十三州幽、并、冀、青、凉、司、兖、徐、豫、益、荆、扬、交之一。王莽称帝,将十三州改为荆、兖、冀、雍、青、徐、豫、扬、梁九州,扬州依然存在。州最高长官为刺史或州牧。东汉时,恢复

① 刘馥,生不详,死于公元 208 年,字元颖,沛国相县(今安徽濉溪)人。东汉末年避难于淮南,说服袁术将戚寄和秦翊率部投奔曹操,曹操大悦,任命刘馥为司徒府官员。

十三州,扬州辖郡、国六,县九十二,州治所为寿春(今安徽寿县)。

三国时期有两个扬州。一个是魏国设立的扬州,管辖范围大致北起淮河北岸,南至天柱山、巢湖南岸一线,东起洪泽湖西岸、巢湖东岸一线,西到淠河以西区域内,州治所寿春。另一个是吴国设置的扬州,范围大致北起巢湖南岸至高邮湖一线,南抵今江西、福建两省与广东省交界,东起东海和南黄海,西到武汉,罗霄山脉一线,州治所建邺(今南京)。

建安二年,袁术寿春称帝,原扬州刺史严象将州治所由寿春迁移至历阳,后继任刺史刘馥奉朝廷之命将州治所由历阳迁至合肥。曹丕①篡汉后,扬州治所再从合肥迁至寿春。

建安五年,讨逆将军孙策命其所属的庐江太守李述攻杀了汉廷所属的扬州刺史严象,又有梅成、陈兰等庐江地方土匪叛乱,在江淮之间聚数万人聚义闹事,当地郡县都因江淮地区局势混乱而残破荒废。当时,曹操正专注于对抗袁绍,难以抽身,他认为刘馥可以稳定东南局面,阻止东吴军队北犯,遂向朝廷表奏刘馥为扬州刺史,获准。

刘馥赴任前,曹操向他交代,合肥乃江淮咽喉,必须守住,并且要把合肥建成一座吴军逾越不过的坚固城堡。刘馥受命后,

---

① 曹丕(187—226),字子桓,豫州沛国谯县(今安徽亳州)人。三国时期著名的政治家、文学家,曹魏开国皇帝,曹操次子,与正室卞夫人所生的嫡长子。

携带书童、数名随从来到合肥，到了合肥才知道这里竟是一座破败不堪，少有百姓的空城。

但见城中残垣断壁一片凄凉，偶尔可见老弱病残的百姓行走街头。刘馥向他们打听后才知，百姓们谣传孙策是杀人不眨眼的霸王，各家各户纷纷携家带口离开城池，前往城外或山里避难，城中仅留下走不动的老弱病残。

打听到这些情况后，刘馥认为想要尽快重建合肥，第一步是安抚民心。刘馥从城里一家染坊购买了些粗布，写上“曹”字，带领书童、随从登上尚存的城楼、城墙，拔去吴军占领时插上的写有“孙”字的孙军军旗，换上曹军军旗。意在告知百姓，合肥城已经重回曹军手中。

同时，他带领书童、随从前往城外寻找躲避战火的百姓，请他们返回城中，一起重建家园。

经刘馥宣传，曹操在百姓心目中的形象是一个忠心耿耿的好臣子、足智多谋的好将军、爱民如子的好丞相。刘馥这两招果然起了作用，躲藏在城外湖荡里、山林里的百姓看到城楼上插上了“曹”字大旗，知道曹军进驻合肥城了，害怕“蛮军”的顾虑打消，开始返回城里。

却说为躲避战火逃往山里的百姓、商人及合肥县令得知曹操派来新的扬州刺史来到合肥，携带县丞、县尉、主簿及部分乡长、亭长等官员返回合肥城，前来拜见刘馥。刘馥见了他们很是高兴，吩咐他们分头去做百姓的工作，请他们返回城池。

安抚百姓的工作很快见效，逃避战火的百姓陆续返回城池。刘馥开始让城里商户恢复经商，渔户恢复打鱼，牧户恢复饲养牛、羊、马等家畜，对农户由各乡、亭组织屯田恢复农业生产。

屯田是曹操创立的一项恢复生产的制度，分农屯和军屯，屯田需要的农资种子由官府提供，收入与官府四六分成。曹操实行的屯田制虽然剥削严重，但是在当时的战争条件下，对恢复农耕起到了积极的作用。

刘馥进驻合肥后不久，招募了一批士兵，成立了州地方部队，便安排士兵屯田增加州府收入。

生产和商业恢复后，恢复重建县以下的基层政权组织。汉末地方政权组织为州、郡、县，县以下设立乡，乡设有秩长（今乡长）、三老（德高望重的长老）、小乡置啬夫。乡以下设亭（今村委会）、并设立亭长一人，里（今村民小组）设里典或里魁、里正一人，重建了基层政权组织。

一段时间后，几近荒废的合肥城里，餐馆、茶肆、客栈、染坊、豆腐坊、酒坊、磨坊等各种作坊，交易牛羊、家禽、秫米、鱼虾等的市场相继建立；城外，河汊、湖荡里渔船点点，荒岗上牛羊成群，农田里有忙碌的农民。合肥城渐渐恢复了往日的繁荣景象。

刘馥的德政，通过百姓反映到曹操那里，曹操很是高兴，奏

表九江郡吏蒋济[1]为扬州别驾(刺史助手),协助刘馥治理合肥。

蒋济的到来,使刘馥多了一名得力助手,接着刘馥又聘请了治中从事、别驾从事、簿曹从事、兵曹从事、部郡国从事等州治内部官员,至此,扬州州治班子基本配备齐。有了班底,刘馥开始修筑遭战火毁坏的城池了。刘馥下令合肥周边郡县,抽调工匠、壮工前来合肥,城外建起砖窑多座,烧制砖块,对倒塌的城墙进行重新修筑,将先前夯土建造的城墙加宽加高,用砖块垒砌围墙两边及顶部,使得翻修后的城墙变得更加牢固。

合肥周边郡县抽调来的工匠、壮工陆续抵达合肥,加上从合肥各乡抽调来的工匠、壮工,工匠们烧制砖块,壮工们抬土打夯,一时间,合肥城外烟雾弥漫,号子声阵阵,修筑城墙工程展开。

与此同时,刘馥于合肥及周边大行恩惠与教化,百姓非常满意他的治理措施,几万名以前因避乱而到附近州郡流浪的江淮人又都回到原居地。随着人口渐增,刘馥又会聚儒人雅士,兴办学堂,教授城民的孩子学习文化。

刘馥、蒋济知晓,合肥地处江淮要冲,孙权图谋中原,合肥是

---

① 蒋济(188—249),字子通,楚国平阿(今安徽怀远)人。三国后期曹魏名臣,历仕曹操、曹丕、曹叡、曹芳四朝官吏。蒋济在汉末出任九江郡吏、扬州别驾。后被曹操聘为丹杨太守,不久升任丞相府主簿,西曹属,成为曹操的心腹谋士。魏文帝继位之后,蒋济出任右中郎将。魏明帝继位之后,蒋济出任中护军,封侯关内。景初年间,蒋济担任护军将军、散骑常侍等职。

其必须逾越的一道障碍，所以他在战略上必须攻占合肥。因此，刘馥在恢复重建合肥、扩充军队的同时，也开始积聚木料、石块，以草和棕榈叶编织大量的草苫，储存数千斛鱼膏等作为作战防御准备。

却说就在刘馥、蒋济组织修筑合肥城的时候，发生了一次庐江人士梅乾、雷绪等反曹地方武装袭扰事件，严重干扰、破坏刘馥修筑合肥城池的进程，也危及合肥城百姓生命财产安全。

却说梅乾、雷绪都是汉末的宗派势力，刘馥来肥前，梅乾、雷绪伙同陈兰趁着扬州刺史被杀，率众游荡于江淮之间巢湖岸边抗拒朝廷。梅乾、雷绪、陈兰等地方土匪得知新任扬州刺史刘馥将扬州治所迁往合肥，并在大兴土木重建合肥城，决定率众前往袭扰。

这天，刘馥、蒋济正在城墙修筑工地上巡视，兵曹从事来报，叛匪梅乾、雷绪、陈兰等率众袭扰城西，捣毁砖窑十多座，掳走工匠百人、牛马数十匹，修筑城墙工程被迫停工。

刘馥接报后，遂与蒋济等幕僚商议，决定采取安抚招安措施。他吩咐治中从事、簿曹从事准备五铢钱三十万、牛马各五百匹，带领簿曹从事前往庐江白石山梅乾、雷绪驻扎的山寨，招抚叛匪。

梅乾、雷绪、陈兰本以为刘馥会率领官兵前来清剿，便加固山寨寨墙，做好迎击官兵清剿的准备。让他们想不到的是，刘馥却给山寨送来牛马、钱币，这让三人万分感动。刘馥让他们安心驻扎，其后，大部叛匪归顺朝廷，有的成为保护合肥城的州兵。

安抚好梅乾、雷绪、陈兰后，一段时间里，江淮地区治安趋于稳定，刘馥将修建城池的任务交给蒋济，自己带领治中从事、簿曹从事等，开始兴修水利治理江淮。先后修造了茹陂（今河南固始县东南处）、七门堰（今庐江县南）、吴陂塘（今怀宁县西二十里）等水利工程，供当地百姓种植水稻，使官府和百姓都有了粮食储备。

因战火荒废的合肥城，在刘馥的精心治理下渐渐恢复了往日的繁荣景象。

孙权一攻合肥城

撰稿：姚传华

建安十三年(208 年)十月至十一月间，孙权、刘备联军于长江赤壁(今湖北赤壁西北)大破曹军，史称“赤壁之战”。这场战争是中国古代战争史上以少胜多、以弱胜强的著名战役之一，是三国时期三大战役中最为著名的一战，也是中国历史上第一次在长江流域进行的大规模江河作战。这场战争标志着中国军事、政治中心不再限于黄河流域，这场战争也奠定了三国鼎立的基础。

战斗结束后，曹操的大军撤退至荆州北部休整。十二月，孙权[①]趁曹军惨败、军心不稳之际，下令周瑜、程普进军南郡，与曹

---

① 孙权(182—252)，字仲谋，孙坚的第二个儿子，孙策的胞弟，吴郡富春(今浙江杭州富阳区)人。建安五年，其兄孙策遇刺身亡，孙权继之掌事，成为一方诸侯。黄武元年(222 年)，魏文帝曹丕册封孙权为吴王，吴国建立。

仁所部隔江对峙，迷惑曹操。他自己则率军师张昭、长史张纮[①]及精兵一万乘坐战船自赤壁顺江而下，由濡须河入巢湖经南淝河向合肥而来，意在扩大巩固皖城至历阳一线的江北地盘。

所谓守江必守淮，合肥为首都秣陵（今南京江宁）门户，夺取合肥，可继续攻打寿春、六安、徐州、豫州乃至整个中原，一统天下的野心便可实现，如此，小小的合肥城就成了一道必须逾越的障碍。

却说扬州刺史刘馥历时八年，呕心沥血，在合肥古城原址上建了一座新的城池，并开始囤积粮草，蓄养军马，扩充训练军队以加强城池的守备。在重建合肥城的同时，刘馥兴修水利，治理江淮，深受百姓拥戴。然而，这么一位勤政爱民的好官却积劳成疾，病死任上。

就在合肥城百姓追念勤政爱民的好官刘馥的时候，探马报告，吴军数百条战船驶过巢湖进入南淝河，正向合肥驶来。扬州别驾蒋济接报，吃惊不小，赤壁之战中曹军刚刚吃了败仗，孙权便率兵前来袭扰。于是，他召集治中从事、别驾从事、簿曹从事、兵曹从事、部郡国从事及守城都尉、合肥县令等文武官员商议对策。会议中，文武官员一致推举蒋济为总指挥，组织抗击吴军。蒋济临危受命，下令兵曹从事督导守城官兵日夜守卫城池，不得

① 张纮（153—212），字子纲，徐州广陵（今江苏扬州）人。东汉末年吴国谋士，和张昭一起合称东吴“二张”。

有丝毫懈怠；下令簿曹从事组织囤积粮草加固城池，向城墙上运送石块、木头积极备战；下令别驾从事率领两名随从赶赴荆州向曹操报告，请求火速派兵前来支援。

却说孙权率领的船队浩浩荡荡地经南淝河向合肥航行而来，探马来报，扬州刺史刘馥已死，扬州别驾蒋济主持州政，守城曹军不足千人。孙权接报后满心欢喜，命张昭率部攻打当涂，自己率领张纮，趁曹扬州刺史刘馥亡故，合肥城群龙无首之际，攻打合肥，开拓西、北两条战线。

张纮以为区区千名守军不足为虑，若强攻势必造成敌我双方及百姓的伤亡，也会使城池遭到毁坏，于是向孙权建议降伏蒋济。

孙权采纳了张纮的建议，吩咐书办书写多封劝降书，待包围合肥城后将劝降书捆绑在羽箭上用弓弩发送至城墙上。

探马来报，孙权大队人马已经抵达城外。蒋济率兵曹从事、簿曹从事、守城都尉、合肥县令等文武官员登上城楼观看，只见护城河外吴军旌旗猎猎，营帐座座，气势逼人。蒋济一边命令守城都尉紧闭城门，无论吴军如何叫骂、挑衅都不许打开城门应战；一边命令县令及商户犒劳守城将士，等待主帅派援兵前来救援。

却说吴军抵达合肥城外后，谋士张纮命弓弩手将抄写的数份劝降书通过弓弩发射到城墙上。城墙上守城的屯长（统领百人的军官）们接到吴军弓弩手发射来的劝降书，不敢怠慢，迅速交给守城都尉，守城都尉将这些劝降书收拢后派专人快速送去州衙交给蒋济。蒋济看了几封劝降书后，取来纸张挥笔写下

“想吾投降,日出西山”！他一连写下十几张,让手下送去城墙上交守城都尉用弓箭发送给围城吴军。

却说孙权正在他的楼船上饮酒作乐,等待蒋济打开城门前来投降,张纮却送来蒋济亲笔书写的“想吾投降,日出西山”八个大字,气得他吹胡子瞪眼,下令明日一早水、陆两师搭建护城河桥,分从东、西、南、北四座城门攻城。

次日清晨,城外四门战鼓同时响起,随着战鼓擂动,搭建护城河浮桥的吴军水军纷纷扛着毛竹、木材跳进护城河。

城墙上督战的蒋济下达射箭命令,顿时,城墙之上一支支利箭居高临下射向护城河中。战船上的吴军水兵被箭射中,惨叫声一片。然而,射箭并没能阻止吴军水军的搭建浮桥计划,伤亡一批又换上一批,不一会儿,东、西、南、北四面城墙外,数十座浮桥已经搭建完成。此时,孙权挥动手中令旗,攻城战斗开始！大批吴军士兵通过浮桥冲过护城河抵达城墙下,开始搭建云梯发起攻城战斗。

蒋济挥动令旗,城墙上的曹军士兵放下檑木、礌石,砸得正攀爬城墙的吴军哭爹叫娘丢盔弃甲狼狈败逃。孙权再次挥动令旗,第二批跟着冲上前来。面对吴军的疯狂进攻,蒋济带领文武官员和士兵们一起参加战斗。别驾从事和各位州官亲自参战,极大地鼓舞了守城将士们的斗志。县令带领后勤队给守城将士搬运石块、檑木,并送来烙饼、烤鱼。将士们守城意志更加坚定,打退吴军一次次攻城冲锋。

吴军攻城几日后，一场大雨不期而至。幸好刘馥在八年任期中，将原来的夯土城墙翻建为两边砖砌护坡城墙，使得城墙不怕雨水侵蚀。大雨中，蒋济带领文武官员督导守城将士及百姓坚守城墙，夜晚则点燃鱼膏照明，观看孙军有何行动以做防备，坚持等待曹操派来援兵。

却说别驾从事率领的两名随从星夜兼程快马加鞭，历时七天终于赶到了曹操所在的荆州帅营。

赤壁大战曹军大败，大批战船被烧毁，荆州新投降的六七万水师或淹死或逃跑，所剩无几，曹操为赤壁惨败郁郁寡欢，整天借酒浇愁。

这天，曹操[①]正在营帐内弹奏古琴解闷，谋士荀彧（yù）引领蒋济所派信差来见，送来蒋济亲笔求助信札。曹操看完信札后方知，边城合肥正遭孙军围困，惊叹孙权计谋过人，等于赤壁之战砍了他一刀，大战之后又在他的后背捅了一刀，心中很是懊恼。

东汉末年，军阀混战，天下大乱，曹操挟天子以令诸侯，废“太师、太保、太傅”三公，自任丞相，以汉天子的名义征讨四方。对内消灭了袁绍、袁术、吕布、刘表、马超、韩遂等军阀割据势力，对外降伏南匈奴、乌桓、鲜卑等，统一了中国北方，并实行一系列

① 曹操（155—220），本名吉利，字孟德，小名阿满，豫州刺史部谯县（今安徽亳州）人。东汉末年杰出的政治家、军事家、文学家、书法家，曹魏政权的奠基人。

政策恢复经济生产和社会秩序，扩大屯田、兴修水利、奖励农桑、重视手工业、安置流亡人口、实行“租调制”，从而使中原社会渐趋稳定，经济出现转机。

合肥是鱼米之乡，江淮重镇，南可遏长江，北可锁江淮咽喉，自古乃兵家必争之地。曹操知晓，若合肥落入孙权手中，将后患无穷。遂召集谋士荀攸、程昱（yù）商议救援之策。当时，曹操手下大将曹仁正在江陵（今荆州南）与周瑜对峙，张辽[①]、张郃[②]、徐晃等将领都在前线，前线抽调不出兵力救援合肥。谋士程昱提醒曹操，汝南（今河南汝县）还有张喜骑兵千人可以调动。曹操大喜，遂下令汝南张喜所部救援合肥。

曹操了解孙权胆小多疑的性格，下达命令后，亲笔给蒋济写了一封信，告知蒋济，张喜一千轻骑恐难解吴军围困，让他务必坚守城池，用智慧战胜孙权。曹操还叮嘱前来送信求援的别驾从事，要他沿途大肆散出消息，就说汝南一万铁骑前来合肥救援，恐吓孙权。扬州别驾从事带上曹操亲笔信札和叮嘱，与两名手下返回合肥。

却说吴军多日攻不下城池，年轻气盛的孙权恼羞成怒，欲亲率骑兵冲向城门。张纮劝说孙权道：“兵器即是凶器，战争即是凶险。现如今您依恃旺盛雄壮的气势，轻视强大凶暴的敌人，三

① 张辽（169—222），字文远，雁门马邑（今山西朔州）人。
② 张郃（hé），字儁（jùn）乂（yì），河间鄚（mào）人，曹军一员大将。

军将士无不寒心，虽说斩敌将夺敌旗，威震敌军，但这只是偏将的责任，而不是主帅所干的事情。希望您抑制住鲁莽，胸怀成为王霸的大计。”张昭也劝说孙权道：“这样的强攻猛攻，势必伤亡惨重，将士们也会寒心。攻取合肥不要急于这一时。”

孙权觉得张昭、张纮的话都有道理，便放弃了鲁莽的行动，下令暂停攻城，采取围而不攻的战术。

这天，蒋济终于等回别驾从事等人，就在两名手下策马扬鞭冲过吴军兵营，赶至护城河桥头时，吴军慌忙跟随追赶。城楼上的蒋济发现信差返回，下令弓箭手射箭掩护。吊桥放下后，别驾从事和一名手下策马跑上吊桥，另一名手下却被随后赶来的吴军擒获。

别驾从事向蒋济报告前线曹军赤壁惨败后面临的困难，转达曹操的叮嘱。蒋济决定用计谋吓阻孙权，让吴军退兵。

却说另一名信差被吴军擒获后，押入孙权营帐，一番审讯后，信差伪称曹丞相派遣将军张喜率领一万轻骑援兵随后赶到。孙权知晓合肥的战略地位，相信曹操会派大军前来救援。孙权正犹豫不决时，手下报告，西城门忽然开启，蒋济亲自率领一队人马护送治中从事、簿曹从事冲出城门向西而去，说是迎接张喜的一万轻骑前来救援。生性多疑的孙权得知蒋济亲自护送两名州官前往迎接曹操派来的一万援兵，不再怀疑，下令烧阵撤退。至此，历时三个多月的合肥之围得解，孙权劳师动众的第一次围攻合肥战斗无功而返。

曹　操　河

撰稿:姚传华

在蜀山区小庙、南岗两镇北部,有一条长六七公里、宽约百米的河道。这条河道是先秦时期楚国开凿的沟通长江、淮河两大水系的人工河道,古称“古江淮运河”。

这条古运河,在今天的肥西井王店西南入境,经小庙镇入长丰、肥东,绵延百公里。据历史记载,此运河唐代已不通航,宋代曾疏浚未成,后长期湮废,现为一个个分割的水塘。从这些一个个串联起来的水塘,还能隐约看到一条河的轮廓。

三国时期,曹操出于军事目的曾主持对这条河道进行大规模疏浚,并试图于江淮分水岭开凿一条连通江淮的河道,因此这条河道又称“曹操河”。

却说建安十四年(209 年)赤壁之战后,曹操率领大军返回家乡谯,操练自己的水军,应付咄咄逼人的孙吴水军。是年秋天，曹操携儿子曹丕、曹彰[1]、曹植[2]，继任扬州刺史温恢[3]，术师（管天文地理的官员）管辂（lù），谋士荀彧，侍卫许褚等文武官员，十万大军乘船从家乡谯县出发，由涡河入淮河，再由连接淮河的东淝河抵达合肥。这也是曹操向孙权展示赤壁大战之后的曹军实力。同时，曹操此行还有另外几个目的：一是给参加合肥保卫战的文武官员颁发抚恤令；二是考察选任扬州及郡县官吏；三是任命新的扬州刺史，考察选任郡县官吏；四是清剿反抗朝廷的陈兰、梅成、雷绪等匪帮；五是考察江淮水系，拟于江淮分水岭处新开凿一条沟通东淝河与南淝河的河道，进而沟通淮河，便于战船经南淝河过巢湖驶入长江，为日后南征孙吴做准备。

此次曹军南征，曹植作为粮饷督导官，屯驻合肥城北一处叫"鱼山"（今肥东八斗）的地方，负责接送军粮马草。

却说扬州别驾蒋济获悉曹操驾临合肥，率领治中从事、别驾从事、簿曹从事、兵曹从事、部郡国从事、守城都尉、合肥县令等文武官员到西城门十里外迎接。

---

① 曹彰（189—223），字子文，沛国谯县人，曹操与卞氏所生的第二个儿子。武艺过人，三国时期曹魏著名武将。

② 曹植（192—232），字子建，沛国谯县人，曹操与武宣卞皇后所生的第三子。曹植是三国时期著名的文学家，其代表作有《洛神赋》《白马篇》《七哀诗》等。后人因其文学上的造诣而将他与曹操、曹丕合称为曹魏"三曹"。

③ 温恢（178—223），字曼基，太原祁县（今山西祁县）人，曾任丞相府主簿、扬州刺史、凉州刺史、护羌校尉，三国时曹魏大臣。

曹操向蒋济及扬州文武官员介绍新任的刺史，他说："我非常希望曼基能留在我的丞相府协助我理事，可是我的丞相府实在不及治理扬州事务重要，所以，便忍痛割爱，奏表皇上恩准，请他来合肥接任扬州刺史一职。"接着又对蒋济说，"合肥为江淮咽喉，去冬孙权围攻合肥未果，日后还会再犯。为保合肥安危，本丞相已经奏表皇上让你继续担任扬州别驾，辅助曼基。"

蒋济谢过曹操奏表皇上再次委任他担任扬州别驾，带领众文武官员见过新任的扬州刺史。

曹操父子、温恢及文武官员在蒋济的引领下进入合肥城后，首先前往兵营看望守城有功的官兵。曹操对官兵说："曹某自起兵之日，大军征伐未断，或遇病疫瘴气，士卒魂断他乡，以致兵丁家室怨旷，百姓流离失所；而孤以仁治世，怎肯乐于如此？实是情非得已，被迫兴师。此令：出征将士亡于战事，家无田产难以自存者，县官不得断绝米粮，长吏勤予抚恤，以称吾意。"

曹操讲完话后，守城牺牲的官兵得到抚恤，家中没有田地的，官府都分给了田地，合肥城防军官官职都得到了升迁。

抚恤完守城官兵后，曹操父子在扬州别驾蒋济的引领下巡视了刘馥历时八年重新建造的合肥城池。巡视中曹操对刘馥功绩大加赞赏，叮嘱温恢及别驾蒋济和扬州文武官员守好合肥城。

却说孙权接报曹操亲率十万大军屯扎合肥，甚为紧张，唯恐曹操是来抢夺被孙军占领的长江以北的地盘的。于是，他下令皖城、舒县、庐江、历阳、当涂等各城抓紧备战，迎击曹军攻城。

同时，在濡须坞建造营垒，阻止曹军进入长江。直到后来探马报告，曹军大队人马是来开凿河道、屯扎种田的，孙权心里才踏实下来。

却说曹操在合肥稍作休整后，便让蒋济带领他前往合肥城西江淮分水岭考察。江淮分水岭脊线自西向东长一百多公里，而淝水源头便起源于分水岭脊线西端，今肥西与寿县之间的将军岭。淝河分两支：向西北流淌的称"东淝河"，入淮河；向东流淌的称"南淝河"，河水注入巢湖。

曹操父子及术师管辂等一行在温恢、蒋济等扬州府衙官员的陪同下，前往南淝河源头将军岭，决定疏浚古江淮运河，同时于江淮分水岭上开挖新河道，沟通长江、淮河两大水系的人工运河。离开将军岭后，曹操父子一行又前往芍陂继续考察。

芍陂，今称"安丰塘"，位于安徽寿县东部，是春秋时期楚相孙叔敖主持修建的水利工程，塘坝累长六十公里，号称"天下第一塘""淮河流域水利之冠""江北第一水利"，是中国古代最早的水利工程之一。它与后来的都江堰、漳河渠、郑国渠并称为"中国古代四大水利工程"。隋唐以后设置安丰县，因此称为"安丰塘"。安丰塘是我国水利史上最早的大型陂塘灌溉工程。塘水深处有一黛色小岛，岛中古时建有白芍亭。《水经注》记载：淝水流经白芍亭，积水成湖，所以叫作"芍陂"。该水利工程选址科学，工程布局合理，水量充沛。它的建造为后世大型陂塘水利工程的建设提供了宝贵的经验。

历时数日考察，一条西自六安，东至合肥，沟通东淝河、南淝河两大江淮水系人工河道的方案在曹操心中运筹成熟。

为了调节东淝河水流问题，曹操父子一行在闻讯赶来的淮南郡太守、寿春县令的引领下沿着芍陂巡视一圈后，根据术师管辂的提议，开小坡五十处，蓄纳分吐水流，保证东淝河常年流水。曹操便把开坡调节水流的任务交给了淮南郡太守。

方案确定后，术师管辂绘制出疏浚古"江淮运河"及开凿江淮分水岭河道施工草图。得到曹操批准后，扬州刺史温恢便从各郡县抽调河工前来施工。

一时间，合肥城西边百公里长的古江淮运河旌旗飘扬，号子声阵阵，曹操父子、温恢、扬州州府文武官员，合肥城的商人、百姓也纷纷前来助阵。

在今天的鸡鸣山山顶上，当地百姓为了纪念一千八百多年前曹操河的历史，将两块据说是曹操父子前来挖河劳动时的拴马石抬上山顶，保护下来，告诉今天的人们这儿曾发生过的历史。

五个月后，曹操颁布抚恤令，考察任命郡县官吏，部署疏浚古江淮运河任务完成后，留下部分部队屯扎开凿运河，自己率领大军返回谯县。

曹操离开合肥后不久，一支由杨姓将军率领的队伍驻扎合肥，他们一边屯田，一边与各郡县派来的河工一起，于南淝河、东淝河源头的江淮分水岭处开凿连通长江、淮河的河道。

因山岗土层坚硬，土层中还隐藏巨大岩石，给河道开凿带来很多困难，那位领队杨姓将军便累死在那处山岗上。后来，百姓们为了纪念杨姓将军，在那座山岗上建造一座庙宇，取名"将军庙"，庙内供奉将军塑像，以志开凿河道的将军的业绩，那座无名山岗也就有了"将军岭"的地名。

一千八百多年前，曹操规划的"江淮运河"虽然最终没能实现，却给后人留下可资借鉴的宝贵经验。2016 年 12 月，随着"引江济淮工程"正式开工建设，多少代人的把长江与淮河贯通的梦想，将很快实现。

鸡鸣山的传说

撰稿:姚传华

却说曹操为沟通淮河与长江水道,率领儿子曹丕、术师管辂及新任扬州刺史温恢等人进行一番实地勘察后,决定于芍陂开小坡五十处,蓄纳分吐水流,从而保证东淝河常年流水;于江淮分水岭西端开凿一条连通南淝河、东淝河的人工河道,为今后运送兵马粮草至合肥,而后经南淝河过巢湖进入长江,南征东吴提供便捷的水运通道。

几个月后,曹操率领儿子曹丕及大军离开合肥,返回谯镇。离开合肥前,留下一位姓杨的将军率部屯扎合肥,边屯田边开凿河道。

却说这位杨姓将军奉命率部前往合肥城西,部队屯扎于一座山岗下。此山岗高不足百米,占地面积仅一平方公里。

这天,杨将军率领的部队安营扎寨,焚香祭拜土地神、河神后,便带领官兵开挖河道。士兵们挖土、抬运,忙碌一天后,返回营地休息。

次日一早，杨将军照旧命司号兵吹响牛角号，让士兵们起床，吃完早餐后前往河堤挖河。让杨将军及众士兵奇怪的是，昨日劳累一天开挖运走的泥土又回到了原地，河道又恢复了原样。杨将军觉得很是奇怪，他不动声色，照旧安排士兵出工河堤干活。待夜深人静后，杨将军便偷偷前往河堤察看。只见到了午夜时分，忽然狂风大作，飞沙走石，天黑得伸手不见五指。不一会儿，狂风停息，天色不再黑暗，白天士兵们抬运至河堤上的泥土又重新回到了原地。

玉帝知道后，派太白金星装扮成法师下凡去帮助杨将军。正在为此事犯愁的杨将军，听说法师作法可以驱邪，便请法师作法。

法师一番焚香念经作法后，告诉杨将军，他的屯扎营地边上的小山叫"鸡鸣山"，山上居住的是位鸡神。法师还告诉杨将军，这位鸡神可不是一般的小神。盘古开天之时，天空中有九个太阳、九个月亮，平时，它们轮流出来，昼夜分明，天下百姓皆能安居乐业。可是，九个太阳闹起了别扭，一个不服一个，于是乎九个太阳一起出来，天气热得像火炉，河流干涸，庄稼枯萎。九个月亮见九个太阳一起出来，也跟着凑热闹，九个月亮也一起出来，夜晚光亮如同白昼一般。玉帝得知后，派太白金星带领风火雷电、飞禽走兽等各路神仙下凡，解天下百姓疾苦。

却说太白金星到了人间后，用玉帝赐的神箭射下八个太阳、八个月亮，天空中只剩下一个太阳一个月亮。可是，剩下的一个太阳、一个月亮躲在天穹里不出来了。这样,天空又变得黑暗无光,白天没有阳光,夜晚没有月亮,百姓们还是没有办法耕种庄稼正常生活。

太白金星询问各位神仙,谁有办法能把藏在天穹里的太阳、月亮呼喊出来。鸡神站出来,说它有办法能把太阳、月亮呼喊出来。只见它昂起脑袋,喔喔喔一阵啼鸣,躲在苍穹中的太阳果真露出脸了,天变得亮堂起来,天上有了太阳和月亮,四季分明。风火雷电、山河土地、花木庄稼、飞禽走兽各路神仙各司其职,百姓们可以日出而作日落而息地正常生活。

却说这位鸡神自以为能唤出太阳和月亮,居功自傲,对曹操大动干戈在江淮分水岭开挖河道,却没有给它烧香征求它的意见很生气。河道刚开挖的时候,鸡神便召来主管江淮分水岭的土地神,希望土地神阻止切断分水岭。土地神告诉鸡神:"曹操是上苍派来人间的真龙天子,他要挖河,小神阻挡不住。"鸡神说:"土地是你管,你若不阻挡,我让你夜夜不得安宁。"

三更时分,土地神还在睡梦中,鸡神便调动鸡族一起喔喔喔鸣叫起来。土地神被吵醒,走出土地庙一看,只见鸡鸣山满山都是昂首的雄鸡在啼鸣。土地爷对鸡神说:"公鸡大神,小神认输。"说罢长袖一挥,便将昨日白天曹军将士们开挖抬走的泥土又运回原地。

杨将军请教法师有何办法能让鸡神让道,不再阻拦。法师让杨将军请求河神帮忙水淹鸡鸣山,同时制作一只鸡笼,待水淹漫鸡鸣山时，便将放着鸡笼的木筏划来。届时，他会作法帮忙，鸡神失去领地，自然会乖乖钻入鸡笼。而后，河神会将鸡神沿南淝河入巢湖，送去巢湖边上一座叫鸡笼山的地方，鸡神有了新的领地，当然再不会阻拦开挖河道了。

杨将军听了法师的话，满心欢喜，焚香叩首告知河神，开挖河道沟通江淮乃曹丞相交代的任务，请求河神按照法师交代的办法提供帮助。

这天夜晚，三更刚过，忽然电闪雷鸣，大雨瓢泼，河神在太白金星的帮助下调来巢湖之水，片刻间滔滔洪水便将小小的鸡鸣山淹没了。

睡梦中的鸡神被惊醒，见滔滔洪水已经淹没山顶，吓得在山顶上四处乱窜，不知所措，后来得知是自己阻止开挖河道得罪了上苍。鸡神正焦急时，但见河神从滔滔大水中钻出。河神告诉鸡神："曹操乃真龙天子，开挖河道沟通江淮是造福百姓的德政工程，各神应当支持。小神也是奉玉帝旨意，水淹鸡鸣山。"

就在这时，土地神手提一只鸡笼踏浪而来，一见鸡神便说："曹操乃真龙天子不可阻拦，你却不听，快快进笼，河神会送你去另外一个地方。"鸡神犹豫不定，河神催促道："还不快进笼子，难道想被大水淹死吗？"

鸡神听土地神、河神这么一说，不再犹豫，老老实实地钻入鸡笼内。忽见一道神光闪过，河神领着鸡神已经到达鸡笼山。

鸡神到达的新地方，位于今天安徽和县西北二十五公里的地方，名叫“鸡笼山”，又叫“历山”，比鸡神原先的鸡鸣山高大了不知多少倍。

没有了障碍，杨将军开始带领官兵日夜开挖河道。这条计划沟通江淮的河道最终没有完全沟通，那位负责率军开凿这条河道的杨将军也因积劳成疾而亡。

历史的尘埃早已烟飞云散，虽然这是一段神话传说，但历史给我们留下了那条河，那座不起眼的没有资格叫山的鸡鸣山却实实在在地存在着，大家若有兴趣，不妨去看看。

曹 操 鸡

撰稿：姚传华

老合肥人大多知道，有道与曹操有关的菜肴——曹操鸡，也叫“逍遥鸡”。但少有人知晓，这道菜肴与治疗曹操的头疼病，及一起谋杀曹操的未遂案件有关。

却说建安十四年(209 年)，曹操经历赤壁惨败后第一次来合肥。《三国志·魏书·武帝纪》记载，曹操造轻舟、治水军。秋七月，自涡入淮，出肥水，军合肥。这次，曹操率张辽、臧霸①、乐进等各部十万大军，携儿子曹丕、曹植及新任扬州刺史温恢等文武官员驻扎合肥，至十二月才返回谯县，在合肥逗留五个月。

曹操率大军抵达合肥后，大部队一部分东进攻打被“叛匪”

① 臧霸，字宣高，泰山(今山东费县)人。孙观，字仲，兖州泰山(今山东泰安东北)人。臧霸与孙观招兵买马驻屯开阳，自成一股地方军阀势力。曹操下邳城攻打吕布时，臧霸、孙观率部投靠曹操，此后，与孙观一起率部跟随曹操屡立战功，成为三国时期曹魏的名将。

陈兰[①]、梅成[②]等反曹义士占领的居巢（古地名），一部分向被孙权占领的庐江郡开拔，意在展示曹军赤壁之战后的实力。

却说盘踞居巢的叛匪，见曹操大军前来清剿望风而逃，纷纷逃往天柱山等山里躲避。

却说反曹义士陈兰安插在扬州府衙当伙夫的胡二，飞鸽向陈兰报告曹氏父子驻扎合肥州府衙门消息。陈兰、梅成各自带领一名武功高手，带上蒙汗药、孔雀胆（剧毒昆虫大斑蝥的干燥体）装扮成商人混入合肥城后，与在州府衙门当伙夫的线人胡二接上头。胡二告诉陈兰、梅成，曹操、曹丕及术师等文武官员前往寿春芍陂考察去了。

梅成提议，在曹操回合肥路上设伏，暗杀曹操父子。胡二告诉二人，此计使不得。陈兰、梅成不解询问缘由，线人告诉他们，曹操有两把神剑，一把“倚天剑”，一把“青钉剑”。倚天剑镇威，青钉剑杀人。倚天剑曹操自佩之，青钉剑由原贴身侍卫夏侯恩佩之。那青钉剑削铁如泥，锋利无比，长坂坡之战时，青钉剑被刘备手下名将赵云夺走，夏侯恩也被赵云杀死，现在两把宝剑只

---

① 陈兰，今安徽庐江人，原为袁术部将，后反叛落草为寇，聚众数万在江淮一带掳掠，后被曹操部将张辽率军击斩。

② 梅成，东汉末庐江（今安徽庐江西南）人。陈兰、梅成一起串联六县反抗朝廷人士暴动起义，起义失败后躲藏在灊山，伺机举义反抗朝廷。梅成接到陈兰派人送来的密信后，即挑选两名武功高强的手下携带短剑，按照陈兰密札所述，赶往合肥与陈兰会合。

剩下倚天剑，由曹操佩带。那把倚天剑，似有灵性，只要曹操身边出现企图谋害他的歹徒，倚天剑便会颤抖，提醒持剑主人。这时，曹操的贴身侍卫许褚[①]便会一眼看出图谋不轨的歹徒是谁，冲上前去，扭住歹徒一刀毙命。

梅成提出待曹操父子回合肥后，夜晚行刺。胡二告知他们，那更不行，曹操生性多疑，父子居住的行辕由许褚安排亲兵把守里三层外三层，戒备森严，外人还未靠近便被卫兵挥刀砍杀。陈兰、梅成听胡二这么一说，都没了主张，只好先在客栈居住下来，寻找刺杀机会。

却说曹操父子携术师管辂、谋士荀彧（yù）等官员前往寿春芍陂、江淮分水岭等地考察，风餐露宿中，曹操头疼的老毛病又犯了，躺在榻上昏昏欲睡，什么也不吃。曹丕、荀彧、许褚、温恢、蒋济等文武将领焦急万分。

这个时候，曹操想到了神医华佗，可惜，他的这位同乡神医因遭他猜疑，就是在去年，被他下令杀死在狱中。当时，许多文武大臣包括荀彧、许褚在内，都劝说曹操不要杀害华佗。曹操却说"陀能愈吾疾，然不为吾根治，想以此要挟，吾不杀他，病亦难愈。"这时，曹操才想到华佗，可为时已晚。

---

① 许褚（生卒年不详），字仲康，曹操同乡，长八尺余，腰大十围，容貌雄毅，勇力绝人。官渡之战时，数十名刺客围杀曹操，许褚一人将数十名刺客杀死，保护了曹操。渭南之战，许褚身中数剑全然不顾，保护曹操安全过河。对曹操身边这位猛将，陈兰、梅成早有所闻，不敢轻举妄动。

蒋济让合肥县令请来一名郎中给曹操看病,那位郎中给曹操号了脉,察看完病情后,提出:想要治好丞相的病先得让他开口吃东西,否则,熬制好的汤药因丞相不愿开口而无法喂服。

曹丕、荀彧、许褚、温恢、蒋济都认为这位郎中讲得很有道理。随行膳厨告知扬州刺史温恢,丞相平日里爱吃鸡。温恢便让合肥县令通知合肥城各家餐馆的掌柜拿出各自看家本领,为曹丞相做一道以鸡为原料的美味菜肴。

为丞相烹制一道以鸡为主材的菜肴,那多体面。告示一经传达,全城大小几十家餐馆,宰杀、烫洗、炖烧,都忙碌起来。乐逍遥酒家掌柜韩老七得知给曹操烹制一道烧鸡,而且是为丞相治病而食用,格外尽心。他特别挑选了一只山里送来的春天时孵化出的芦花鸡,去药铺买来人参、白芷、远志、天麻等治疗头痛的名贵药材,加上蜂蜜、桂皮、茴香,醯(xī,指醋)、盐等烹饪配料,与中药材熬制成汤水备用。做好这些准备工作后,韩老七开始宰杀芦花鸡。经过宰、烫、搓、洗、磕、扒、漂、别等工序后,再将加工后的鸡放入汤中浸泡一夜后取出涂抹上蜂蜜,往鸡腹中塞入姜、葱,放入封闭木桶炭炉中温火烤制一个时辰后取出。经过这些工序后,烤制出的鸡皮脆、肉嫩、骨酥。

第二天, 合肥县令通知全城十几家餐馆,送来各自使出浑身解数烹制出的以鸡为原料的菜肴。这些餐馆掌柜在曹丕的安排下,经随行膳厨试探是否有毒后,一个个将盛着鸡的瓦钵摆放至曹操榻边的几上。曹操只是闻了闻味道,连看都不看便挥手让掌柜们端下去。

当韩老七手捧瓦钵将他历时一天一夜精心烹制的烧鸡放到曹操榻边几上时，一股诱人的香味扑鼻而来，曹操睁开眼睛，闻着诱人的香味，看着瓦钵中红润发亮的烧鸡，顿时有了食欲。曹操坐起，挽起袖子，扯下一块便吃，觉得越吃越香，一口气吃了半只烧鸡，边吃边夸奖："好菜！好菜！"

曹丕、荀彧、许褚、温恢、蒋济、合肥县令等文武官员见丞相开了胃口，都很高兴。龚县令命韩老七再烤几只送来，韩老七满心欢喜。

却说一盘特制烧鸡让曹操赞不绝口，胃口大开，这也让胡二寻找到谋杀汉贼曹操的机会。于是前往客栈，将这一消息告诉了陈兰、梅成，让他们用投毒方式谋害曹操。

陈兰、梅成觉得这是个好主意。当日，陈兰、梅成假借就餐前来乐逍遥酒家饮酒吃饭。饭间，陈兰向韩老七打探曹操喜欢的烧鸡是如何烹制的。老实巴交的韩老七便毫不保留地告诉了陈兰。说者无意听者有心，当天夜晚，夜深人静之时，陈兰、梅成携带研磨成粉的孔雀胆，翻墙进入餐馆后院，进入灶房，找到浸泡待烤的鸡的瓦钵，神不知鬼不觉地将剧毒的孔雀胆药粉倒入瓦罐药液中。

却说韩老七将浸泡一夜的鸡从瓦钵中取出，膛中塞入葱、姜等佐料，放入密封炭炉中炙烤。待烧鸡烤好后，装入瓦钵盖上盖子，送去曹操行辕。侍卫长许褚来报，乐逍遥酒家掌柜韩老七又送来一只烧鸡。曹操满心欢喜，吩咐随行膳厨搬来一罐他最喜欢的“九酝春酒”，端坐几前，准备再次品尝味香肉嫩的烧鸡。膳厨用一支测毒筷子分别从烧鸡的脖子、胸脯、腿部插入后，筷子竟然变成灰色。

烧鸡有毒！谋杀丞相，何等罪孽！曹操大怒。温恢下令将乐逍遥酒家掌柜押送州府大牢，严加审讯幕后指使者是谁。州衙大牢里，韩老七被打得皮开肉绽，大叫冤枉，可是铁证面前却百口难辩。

就在温恢下令斩杀韩老七全家老小十二口时，陈兰、梅成砍伤两名守城士兵，丢下一封信札。陈兰、梅成在信札上痛骂曹操汉贼，并把投毒经过全部写出。

曹操看完陈兰、梅成丢下的信札，觉得冤枉了韩老七，下令立即放了韩老七及家小十二口，并亲自登门赔礼道歉。不久，曹操下令于禁、张辽各率一支队伍清剿叛匪陈兰、梅成，此为后话，按下不提。

却说曹操让韩老七一连为他烤制了十几只“药膳”鸡，头疼的毛病基本好了，身体也康复如初了，还能前往河堤与百姓、士兵们一起挖泥干活。曹操欣然提笔，为这道烤鸡提名“江淮第一美味”，命膳厨跟着韩老七学习烤制药膳烧鸡，并把这种烧鸡技术带去许都、邺城及家乡谯县。

“曹操鸡”这道菜，经过多年的发展和创新，烹制技术更加讲究，用料也更加复杂。合肥市一带，仍以当地仔鸡为本原料，并配以白酒、天麻、杜仲、香菇、冬笋及花椒，烹制成食疗“药膳鸡”。

后来，这种既有营养价值，又可防病、治病的菜肴渐渐传开，合肥的百姓把这道药膳菜命名为“曹操鸡”或“逍遥鸡”。

而今，曹操鸡不仅是合肥家喻户晓的一道名菜，而且成为沉淀合肥三国历史的一张城市名片。当年，香港船王包玉刚来合肥，吃过“曹操鸡”后，还曾写下“名不虚传，堪称一绝”的题词。

回龙桥的传说

撰稿：姚传华

合肥九州大厦向南与庐江路交叉口处有一个叫“回龙桥”的公交车站，在九州大厦和盛安广场向西通往永红路的那条小路叫“回龙桥路”。古时这儿曾经有座桥，该桥在新中国成立前已经倒塌，而德胜门一带已多街肆门面，河道渐淤。20 世纪 50 年代中期，合肥市人民政府自三孝口至德胜门外拓建金寨路，虽然那座古桥早不存在，但为了纪念那座古桥，回龙桥这个地名保留了下来，也给今天的合肥百姓留下了一个可成为谈资的历史掌故。

有关这座古桥究竟什么样，谁也说不清楚，然地名未废，今天仍是很多老合肥人茶余饭后的话题。

龙，翻江倒海、耕云播雨的神灵，封建帝王的象征。关于这座古桥，传说三国时期曹操与孙权曾在此相会。曹操死后被儿子魏文帝曹丕封为魏武帝，孙权亦称帝，因而，这座古桥就有了一个霸气的地名——回龙桥。

却说建安十三年(208 年)，孙权、刘备联手大败曹军。是年冬天，孙权趁曹军惨败，军心不稳，令周瑜攻打江陵的曹仁，自己则率军师张昭、长史张纮及精兵两万，乘坐战船自赤壁顺江而下，自濡须河入巢湖向合肥而来，意图攻占合肥，打通进入淮南乃至中原的咽喉要道。不料中了扬州别驾蒋济虚张声势的诡计，被围困合肥城数月后撤军。

建安十四年(209 年)，曹操在家乡谯县进行一番整军备战后，亲率十万大军南征。七月，曹军从涡水入淮，出淝水，驻扎合肥。与此同时，盘踞庐江的雷绪、陈兰、梅成等地方势力起兵反叛，曹军入巢湖，攻破居巢，曹操命行中领军夏侯渊都督诸将进剿雷绪，虎威将军于禁、威虏将军臧霸等讨伐梅成，荡寇将军张辽、平狄将军张郃讨伐陈兰。臧霸另派遣至皖城，征讨吴将韩当，使孙权不得救陈兰、梅成。臧霸在逢龙、夹石击退了韩当所派的援军后，还屯兵舒县(周瑜的家乡)。孙权遣数万人屯舒口(今舒城)，分兵解救被围困的陈兰、梅成，被臧霸拦阻，救援失败。与此同时，张辽攻破陈兰、梅成营寨，将两名匪首斩杀。另一匪首雷绪，率领部从万人逃往荆州投靠刘备。

曹操接报剿匪大获全胜后，下令臧霸与张辽为前锋，向濡须坞关隘发起攻击。吴将吕蒙、甘宁等将领依托濡须坞营垒据守，臧霸、张辽几次发起攻击，均未能得手，两军在濡须坞对峙。

面对曹操十万大军的威胁，身在舒口的孙权心急火燎。军师张昭向孙权献计，据密探报告，曹军大队人马大多被派往前线，驻扎合肥的曹操身边仅留百余名护兵，擒贼擒王，他建议孙权派出一支精悍的水军队伍，由杭埠河入巢湖经南淝河前往合肥发起偷袭。若能擒获曹操，曹军必然不战自退；即使无法擒获曹操，曹操也会有所忌惮，抽调大批兵力返回合肥，这样，前线各军压力也会大大减轻。

孙权采纳了张昭的建议，亲率三千水师精兵，派出五十艘带帆突冒快船，自舒口启航驶往合肥。

探马报告吴军数十艘快船沿南淝河向合肥而来，荀彧吃惊不小，立即向曹操报告。而此时，合肥城中守兵不足千人，从前线调兵已经来不及。许褚建议曹操离开合肥前往寿春暂避。曹操却镇定自若地告诉手下，这是孙权为解前线吴军之危使出的诡计，没有什么大不了的，他正想会会孙仲谋。于是，他命扬州刺史温恢从城中酒肆、茶肆中找来一些歌女、乐师，安排几艘画舫，载着歌女、乐师及文武将领出城门，前往一座芦苇丛生的古桥旁等候吴军水师前来；同时，安排城中守军持旗帜藏匿于芦苇荡中。

却说孙权率领战船经南淝河抵达合肥城南大片水域，忽闻歌女正演唱《胡笳十八拍》，歌声委婉动听，时不时还能听到曹操及文武官员的喝彩声。向来生性多疑的孙权听到这样的声音，预感偷袭计划已经被曹操知晓，曹军已经有了准备，不敢轻举妄动，遂率领几艘战船前往歌声传来的方向察看。当孙权乘坐的战船借助芦苇的掩护偷偷摸摸地行驶至一座古桥边时，只见曹操身穿冕服、手持羽扇，在许褚、荀攸等人的陪同下信步走上古桥。曹操在古桥上站定，指着战船道："孙将军是否在船上？出来说话，老夫正想见见孙将军呢。"

听曹操这么一说，孙权只好走出船舱，抱拳道："仲谋见过丞相。"

曹操一笑道："老夫已经在此恭候将军多时。"

孙权道："想不到汝来得如此神速！"

曹操道："老夫在日，东吴休存妄想，望将军珍重。"

孙权见曹操早有准备，遂下令掉转船头返回。不久，因濡须坞久攻不下，加之瘟疫在曹军中流行，曹操只好下令停止进攻。

曹操死后，曹丕继承魏王之位，而后逼汉献帝让位，由他来当皇帝。刘协[①]在曹丕的威胁下只好让位，至此，汉朝的统治结束，曹魏政权确立。曹丕登基后，以为整个国家都是曹氏的了，无论是蜀汉的刘备，还是东吴的孙权，都应该服从他的领导。孙权在曹魏的强大势力下，俯首称臣。曹丕登基后的第二年，曹丕御旨封孙权为吴王，加九锡（古代最高礼仪）。

从此，合肥百姓们便把孙权、曹操会面的那座古桥叫作回龙桥。

---

① 刘协（181—234），字伯和，河南洛阳人。东汉末代皇帝，汉灵帝刘宏嫡次子，汉少帝刘辩异母弟，母为灵怀皇后王荣。

塔 山 马 槽

撰稿:姚传华

合肥市肥东县包公镇东北方向约五公里的地方,名为“塔山”。此处有一片裸露的山岗,山岗上有一块巨石,当地的百姓称它为“卧龙石”。就在卧龙石上有两个紧挨着的长一米多、宽约一米、深六七十厘米的长方形石坑。神奇的是,其中一个石坑常年干涸,而另一个却永不干涸。这两个神奇的石坑,便是流传了一千八百多年的“塔山马槽”,也叫“水旱马槽”。

建安十八年(213 年),曹操率领二十万大军,分左、中、右三路自邺(yè)城(今河北临漳)出发,开始对孙吴进行第二次南征。

曹操率领的中路大军,及荀攸、程昱等文武官员,在武卫、中垒、中坚、骁骑、游击等各营亲兵的护卫下,行至合肥城东约百里的这处叫塔山的地方。此时已近傍晚,曹操在他的坐骑绝影马上举目四望,满目都是寸草不生的荒岗,看不到一户人家,在落日余晖的映照下,唯见一座凋零破败的白色古塔孤零零地耸立在低矮的山岗上。

探马来报，夏侯惇（dūn）①、曹彰、张郃等将领率领的左军已经抵达橐（tuó）皋（今柘皋），张辽、臧霸、乐进等将领率领的右路军进抵合肥。粮草官来报，周边方圆数十里没有村落，没有找到河流与水塘，无水供战马饮用及为大军挖灶生火野炊。

程昱观察一下荒岗周边地形后，策马上前禀告曹操道："丞相，下官观此处地形怪异，恐为凶煞之地，请丞相尽快离开为宜。"

程昱话音刚落，天空骤然昏暗下来，接着一阵狂风吹来，天昏地暗，飞沙走石，旗杆被折断，运送粮草的马车被狂风吹翻，粮包、草料在地上翻滚。顿时，现场一片混乱。

荀攸大叫一声："许校尉，保护丞相！"

程昱大声叫道："丞相小心！"

许褚大叫一声："丞相小心！"策马上前意图保护曹操。但

---

① 夏侯惇，字元让，沛国谯县（今安徽亳州）人。汉末三国时期曹魏名将，西汉开国元勋夏侯婴的后代。少年时以勇气闻名于乡里。曹操起兵，夏侯惇是较早追随的将领之一。与吕布军交战时，曾一度被擒为人质，又被流矢射瞎左眼。多次为曹操镇守后方，曾率军民阻断太寿河水，筑陂塘灌溉农田，使百姓受益，功勋卓著。历任折冲校尉、济阴太守、建武将军，官至大将军，封高安乡侯，追谥忠侯。青龙元年（233 年），得以配享太祖（曹操）庙庭。夏侯惇一生虽多在军旅，但仍不忘治学。他常亲自迎师，虚心求教。他为人俭朴，所得的赏赐全部分给将士。一生不置产业，至死家无余财。

见曹操乘坐的绝影宝马咴咴一阵嘶鸣，昂首站立，冲过许褚的阻拦，载着曹操向位于低矮山岗上的那座白色古塔狂奔而去。

许褚呼喊道："丞相，且慢！许褚来也！"说完，扬鞭欲策马追上。无奈自己乘坐的枣红马在飞沙走石中如同被法术定住一般，任凭许褚抽打，枣红马就是动弹不得。

却说曹操在昏天黑地、飞沙走石中任凭绝影奔跑，如同腾云驾雾一般，眨眼工夫，绝影宝马就奔跑至那座古塔下。令曹操奇怪的是，山岗下狂风大作，天昏地暗、飞沙走石，对面不见人，而近在咫尺的山岗之上却是和风拂面、晚霞漫天，一片祥和的景象。

曹操跳下战马，抽出他的倚天宝剑，厉声喝道："孟德奉大汉天子之命，前来清剿叛逆孙权，何人在此使妖术？快快现出身来！"

曹操话音刚落，便见两位鹤发童颜、仙风道骨的老人从古塔中走出来。其中一位见到曹操后，和颜悦色道："对不起曹丞相，让曹丞相受惊了。"

曹操手持倚天宝剑，警觉地问道："尔等是何人？报出姓名来！"

另一名白发老人淡淡一笑道："小神乃东海龙王敖广是也！小神已经在此恭候曹丞相多日。"

前一名白发老人道："小仙乃鸿钧老祖是也！"

曹操一听敖广、鸿钧老祖的名字，惊得目瞪口呆。往日只是在书中读到过两位神仙大名，今日肉眼凡胎的自己却亲眼见到两位仙人，他连忙下跪叩拜："孟德冒犯二位神仙，请二位大仙宽恕！"

鸿钧老祖走上前去将曹操扶起："曹丞相免礼，曹丞相免礼。丞相以汉天子刘协之名征讨四方，对内消灭二袁、吕布、刘表、马超、韩遂等割据军阀，对外降伏南匈奴、乌桓、鲜卑，平息战火，统一北方，恢复社会稳定，扩大屯田、兴修水利、奖励农桑、安置流亡人口，百姓逐步安居乐业，天庭早已知晓。"

敖广对曹操道："曹丞相爱民如子，诸神也都知晓。"

曹操询问敖广、鸿钧老祖，在荒岗现身，是何用意。鸿钧老祖便把他的独角龙偷偷地跑出兜率宫来到凡尘逞强斗狠祸害人间，敖广便把儿子狴犴（bì'àn）趁他前往南海拜见观世音菩萨偷偷跑出龙宫的事说给曹操听。

原来，五百年前，敖广的第七个儿子狴犴偷偷跑出龙宫前来此地，与趁鸿钧老祖遍游天下寻找炼丹之石之际自天界兜率宫偷偷下凡的独角龙斗法较量。狴犴用东海之水，独角龙用九天玄火，一场水火之战持续数年，致使塔山周边方圆数百里时而白浪滔天，时而烈火炎炎，赤土一片。

狴犴、独角龙的恶行惊动了天庭，玉皇大帝命鸿钧老祖、托塔天王李靖前来降伏。狴犴被鸿钧老祖移来一座山压住，独角龙被托塔天王李靖压在镇妖塔下惩戒思过五百年。

敖广告诉曹操，今日正是狴犴、独角龙接受惩戒五百年天禁期满，上苍安排丞相率大军清剿孙权今日途经此地，即由曹丞相用倚天剑为他们解除天禁，狴犴重返龙宫，由敖广严加管束，不得再前往人间滋扰百姓；独角龙返回天界兜率宫，由鸿钧老祖严加管束。接着他便把解除天禁的办法告诉了曹操，同时告诉曹操，解除狴犴、独角龙天禁之后，他们从盘龙石上钻出留下的两个石坑，丞相令工匠稍加修凿，兵马饮水、战马草料便都有了。

鸿钧老祖叮嘱曹操，天机不可泄露，说完，鸿钧老祖、敖广便不见了。

金光闪过之后，云开雾散，风也停了，曹操像是做了一场梦一般。荀攸、程昱、许褚等文武官员全跑上山坡，询问曹操方才发生了什么。曹操没有忘记鸿钧老祖的叮嘱，取出随身佩带的倚天宝剑，面向西天落日，默念几句神咒后，将宝剑抛向天空。只见倚天神剑蛟龙一般在天空中闪一道金光，渐渐变大，接着锋利的剑锋扎向一块巨大岩石，砰砰两声巨响，金光闪耀，岩石上被倚天神剑戳出两个石坑。

就在此时，两个石坑冒出一股白色烟雾，被压了五百年之久的狴犴、独角龙趁着云雾飞向天空，围绕古塔转了三圈后，狴犴向东，独角龙向西，腾云驾雾而去。

见此情形，荀攸、程昱、许褚等文武将领都惊呆了。

荀攸首先叩拜："主帅乃真龙天子也！"

程昱、许褚等文武官员纷纷跪地叩拜。曹操将众文武将领一一搀扶起，告诉他们自己并非什么真龙天子，他是大汉丞相，绝无做皇帝的野心。接着，他走到两个石坑前，拾起他的那把倚天神剑，高高举起，仰望西天口中念念有词。

随着曹操默念出鸿钧老祖教的咒语，奇迹出现了，刚刚被神剑戳出的两个石坑，一个装满了拌好的喂马草料，另一个却是满满当当的清澈的泉水。众人见状，更是惊得目瞪口呆。

曹操传令武卫、中垒、中坚、骁骑、游击各营伙夫前来提水生火做饭，马夫前来装运草料饲喂马匹。各营伙夫得令后，提着皮囊、瓦钵、木桶等容器前来提水；马夫得令后，提着筐篓、布袋前来装运喂马草料。神奇的是，水坑里的水取之不尽，提走了又涨满，石坑里的喂马草料同样是取走了又满了。

一千八百多年过去了，这段神话自然不会是真的，但是一代枭雄曹操这个历史人物是真实存在的，曹操乘坐的绝影宝马、所用倚天神剑在《三国演义》小说中也有描述。鸿钧老祖移山镇压狴犴的小龙山，如今的合宁高速公路便经过山下，而托塔天王李靖前来降伏镇压独角龙的宝塔，如今早已不见，只留下那座光秃秃的山岗及那块盘龙石上曹操倚天宝剑撞击出的两个石坑，当地百姓称之为“水旱马槽”，旱马槽终年无水，水马槽终年积水不枯。

魏吴一战濡须坞

撰稿:姚传华

濡须河、濡须坞、濡须口对于当今的我们来说,恐怕都是陌生的地名。然而,在金戈铁马的古代,它们却是沟通巢湖与长江,兵家必争的战略要冲地带。

古时候的巢湖水域面积比现在的要大很多,真正是一个烟波浩渺、波浪滔天的大湖。史书记载,巢湖之水向东南流淌,经七宝、濡须两山对峙间形成的湖水流出巢湖之口,由此得名濡须河,孙权借用这条河道建造一座城堡叫濡须坞,这条连通长江的入口叫濡须口。濡须之水,上承巢湖至黄雒(luò)河口折南流,经今仓头镇至马口闸进入上、下九连圩之间的马口河,于神塘河口入长江。巢湖之水由此出口,汇入长江,流向东海。相传此口为大禹治水时所凿。

古时候的濡须坞,濡须山在其东,七宝山在其西,山势壁立而险峻,夹岸对峙如门阙,濡须水冲关而过,形成一道天然的关隘,是北方及中原商船过巢湖入长江的重要航道,南北间水路交通的咽喉要道。濡须山在今天的含山县东关乡境，七宝山在今天的无为县黄龙乡境，而历史上的濡须坞，随着巢湖水域面积的缩小，渐渐地被现在的裕溪口替代。

孙权、曹操不惜动用全部兵力多次争夺濡须坞，是因为对于孙权来说，守住濡须坞，就可阻止曹军进入长江，进而攻占牛渚（采石矶），逼近建邺（南京），也就可以保证江东不受曹军的袭扰。对于曹操来说，赤壁之战后，孙权的军队已经屯扎在江北沿江地区，尤其是发动了攻击合肥的战斗，已经暴露出孙权觊觎淮南，乃至中原广大地区的野心，所以必须拔掉孙权扎在自家门前的这颗钉子。

居巢（今巢湖东北）濒临巢湖，是一座历史悠久的古城，三国时期，成了曹、孙两军交锋的前线战场。

却说曹操率领的中路大军进抵居巢城，安营扎寨，与夏侯惇、张辽、张郃、臧霸等将领率领的右路、左路大军遥相呼应。此次南征，曹操信心满满，欲一举荡平孙权势力，雪赤壁惨败之耻。

大战前夕，曹操居巢大营大摆筵席款待荀攸、程昱、夏侯惇、张辽、张郃、乐进、臧霸等文武将领。

大战前，曹操为了给各路将领鼓舞士气，命后勤官搬出随军带来的数十坛九酝春美酒。看着那一个个酒坛，曹操想到当年“十常寺”乱政，自己不得不返乡隐居，与郭府桃红小姐前往杜康酒坊偷盗酒曲的往事，想到那年桃红酿出九酝春美酒送去济南国的往事。而今，美酒尚在，美人已逝，感此情怀。饮至半夜，忽闻鸦声往南而去，曹操感此景而持槊歌《短歌行》：

对酒当歌，人生几何？譬如朝露，去日苦多。慨当以慷，忧思难忘。何以解忧？唯有杜康。青青子衿，悠悠我心。但为君故，沉吟至今。呦呦鹿鸣，食野之苹。我有嘉宾，鼓瑟吹笙。明明如月，何时可掇？忧从中来，不可断绝。越陌度阡，枉用相存。契阔谈讌，心念旧恩。月明星稀，乌鹊南飞。绕树三匝，何枝可依？山不厌高，海不厌深。周公吐哺，天下归心。

全诗以感慨开始，继之以慷慨、沉吟，再继之以忧愁、开朗。一忧一喜，忽徐忽疾，以如歌的行板表达了作者慷慨激昂的情怀。

众文武官员满堂喝彩，纷纷称赞曹丞相吟出了一首好诗！

酒宴正酣时，探马陆续来报，濡须河上的吴军已经修造了一座城寨，城池上空飘扬着吴军战旗，守城的吴军将领叫公孙阳。

曹操询问夏侯惇、张辽、乐进、张郃、臧霸等将领有何破敌办法。

张辽道："孙贼来得正好！赤壁一战让孙、刘二贼讨了个便宜，这回，正可一雪赤壁之恨。"

张郃道："濡须河可不是赤壁，我军正可以多对少，以强对弱，以逸待劳，杀他个落花流水，片甲不留。"

又有探马来报，孙权亲率七万大军从建邺出发，派甘宁率三千人为前部督，水陆并进，沿长江北岸向西行进而来。

原来曹操南征大军号称二十万，饮马长江，其军事行动早在数月前孙权便已知晓。孙权得到这一情报后，遂召集鲁肃、吕蒙、张昭、顾雍、甘宁等文武将领商议对策。

吕蒙道："曹阿瞒今非昔比，拥军数十万，废三公自任丞相，又挟君子令诸侯，万万不可轻敌。"建议在濡须山、七宝山建立营垒，修建濡须坞，阻止曹军通过濡须河进入长江。

张昭反驳道："敌我相比，曹军强在步骑，我军强在水上，从战船可直接登岸攻击敌人，攻击完成后便登上船只，要城寨干什么？"

吕蒙道："军事有利有不利，战争从来没有过百战百胜的场面。如果敌人的步骑兵猝然出现，人马奔腾，势如风暴，我们连跳到水里都来不及，怎么还能上船？"

孙权道："吕将军此言极是。"他下令在濡须山上筑城立关，在七宝山上建西关，两关对峙，中有石梁，凿石通水，为险关津道，并筑形似偃月形的濡须坞，史称"偃月城"，并命督军公孙阳率部前往驻守，抵抗曹军。

几十天后，一座位于濡须河两岸的城堡及停靠战船的船坞建造完毕。

却说孙权大军从建邺出发进抵历阳时，已经是严冬时节。孙权下令大军在历阳扎营。孙权召集文武官员商议破敌计谋，认为数九寒天，曹军必然懈怠，遂派甘宁[1]前往曹营中军营地居巢偷袭，挫曹军锐气。

甘宁得令后选精锐士兵一百多人，吩咐伙夫犒劳大家一顿。饭间，甘宁用银盅斟酒，自己先饮两盅，然后斟给他手下的都督。都督跪伏在地，不肯接酒。甘宁拔刀，放置于膝上，厉声喝道："你受主上所知遇，与甘宁相比，怎样？我甘宁尚且不怕死，你为什么独独怕死？"都督见甘宁神色严厉，马上起立施礼，恭敬地接过酒盅饮下。然后，甘宁斟酒给士兵，每人一盅。

至二更时，甘宁率兵裹甲衔枚，潜至曹操营下，拔掉鹿角，冲入曹营，斩得数十首级。此时，夜色中的曹军士兵受到惊动，误以为东吴大军来袭而起身迎战，甘宁于是撤退。而夜色中的曹军依旧如临大敌，纷纷举起火把，擂鼓呐喊，吹响号角。等到曹营举起的火把像繁星一样密集时，甘宁已经回到了军营。孙权满心欢喜，赏甘宁绢一千匹、战刀一百口，并增兵两千。从此，孙权对甘宁更加看重，并称赞道："曹孟德有张辽，孤有兴霸，足相敌也。"

却说中军营地遭偷袭，张辽、臧霸得知后非常生气，便前来曹操营帐，请求率兵攻打吴军濡须坞营寨，得到曹操批准。张

---

① 甘宁，字兴霸，巴蜀临江（今重庆忠县）人。青年时期纠结一帮社会闲荡人士以打家劫舍为生，后率部投靠孙权，受到孙权重用，一直对孙权心存感激。

辽、臧霸返回各自营地后，各带一千人马，分从濡须河两岸杀向濡须坞，以强大攻势杀入吴军濡须坞营垒，焚烧吴军濡须坞营垒及十几条战船，斩杀守军数百人，生擒都督公孙阳。

孙权接报知濡须坞营垒被曹军攻破焚毁，召集文武将领商议。董袭主动请命，愿率领水军前往偷袭曹操水军，得到孙权批准。

当时，曹操水军于巢湖姥山建造水寨。董袭率战船数十艘，夜晚由濡须河进入巢湖，驶往曹军水军营寨偷袭。曹军水军做梦也没想到吴军水军能够越过巢湖前来偷袭，顿时乱成一团。此战，吴军俘获曹操水军三千余人。曹操接报后，命水军坚守水寨不出。

一天，孙权借着晨雾，乘轻舟去曹军水寨前观察，舟行五六里，接近曹军水寨。孙权命军士擂鼓吹号。曹军水军头目见吴军整肃威武，下令弓弩齐发，不让吴船靠近。不一会儿，孙权的轻舟因一侧中箭太多，船身倾斜，孙权令掉转船头，使另一面受箭，船慢慢平衡过来，这才安全返航。

孙权偷袭让曹军损兵不少，孙权大营仍坚守巢湖南岸不肯撤退。这天，曹操登上战船前往巢湖南岸观察，但见孙军船舰、武器，以及军队的严整，叹息道："生儿子应该像孙权，至于刘表的儿子（刘琮），不过一只猪狗尔！"

孙权、曹操互不让步，最后，孙权主动拉下脸来，给曹操写信，信上写道："孤与丞相，彼此皆汉朝臣宰。丞相不思保国安民，乃妄动干戈，残虐生灵，岂仁人之所为哉！即日春水方生，公当速去。如其不然，复有赤壁之祸矣。公宜自思焉。”同时，孙权在信的背面写了八个字：“足下不死，孤不得安。”曹操看过来信之后哈哈大笑，将来信传给将领们阅览，并说：“孙仲谋不欺我也。”

之后，曹操重赏了孙权来使，下令班师返回邺城，第一次濡须坞之战就此结束。不久，一场春雨后，长江、巢湖水位陡涨。曹操深知吴军水军的厉害，恐再发生赤壁惨败之事，遂下令部队撤离。

曹操第一次南征，因濡须坞阻隔，收兵北返。

望 梅 亭

撰稿:姚传华

“望梅止渴”这个成语可谓妇孺皆知,意思是梅子酸,人想吃梅子就会流涎,因而起到暂时止渴的作用,后比喻愿望无法实现,用空想安慰自己。

这个成语出自南朝宋刘义庆《世说新语·假谲(jué)》。假谲,就是虚假的欺骗。文中写道:“魏武行役,失汲道,军皆渴,乃令曰:‘前有大梅林,饶子,甘酸,可以解渴。’士卒闻之,口皆出水,乘此得及前源。”说的是曹操率领大军行进途中,失去了有水源的道路,士兵们长时间没有水喝,口干难忍。于是,曹操对士兵们说,前面有一片梅子林,梅子成熟了,又酸又甜,可以解除我们的口渴。士兵们听说后,嘴里都流出了口水,不感觉口渴难忍了。曹操利用这个机会,把士兵们领到有水源的地方。

至于这个故事发生地、发生的准确时间,史学家们始终没有定论。多数史学家认为这个故事发生在曹操率领大军清剿张绣[①]的战斗中，由此，故事发生地应该是今河南南阳。因为，张绣为东汉末年割据宛城的军阀，汉末群雄之一，此人曾杀死曹操长子曹昂和侄子曹安民及战将典韦。宛城便是今日的河南南阳。

或许没有多少人知道，就在合肥东约五十千米，离巢湖市与肥东县交界的栏杆集镇赵集社区谢王村（又称梅亭村）不远的山岗上，立着一块石碑，这块石碑竟然与曹操有关。石碑上镌刻着"望梅亭路志铭"，碑文介绍了这块普通的荒岗与曹操的关系。当地百姓介绍，此处古时候曾为一片梅林，每年农历四月梅子成熟的时候，枝头上挂满了黄色的梅子，散发出酸酸的梅子香味，方圆几里都能闻得到。

却说建安十四年，曹操率领的四十万大军与孙权率领的七万吴军在长江北岸对峙几个月后，因江淮之间的梅雨季节将至，魏军士兵多为北方人，不习水性，为避免重蹈赤壁惨败覆辙，曹操率领中军大营万余官兵于居巢拔营班师前往合肥，途经此地。

这天，曹操身骑绝影宝马，率领荀攸、程昱及许褚等文武将

---

① 张绣，武威郡祖厉（今甘肃靖远）人，东汉末年骠骑将军张济的从子，东汉末年割据宛城的军阀。此人反复无常，曾两次投降曹操，但又在与曹军交战中杀死曹操长子曹昂、侄子曹安民、战将典韦。后来曹操为了笼络张绣，安排儿子曹均娶了张绣女儿，至此，张绣才真正降服。建安十二年（207 年），张绣在率部随曹操征讨乌桓途中病死。

领沿着荒野大道行进之时，探马来报，前面山岗上有一大片梅林，枝头上坠满成熟的梅子，散发出诱人的香味，先头部队希望丞相恩准采摘一些给士兵们尝尝新鲜梅子的味道。

曹操听了探马报告后，想到九年前率部去宛城清剿张绣时，让战士们望梅止渴的故事。于是，他命荀攸带领粮饷官，带上钱找到梅林的主人，购买一批梅子发给将士们，算是南征孙权班师的犒劳。

却说这片梅林的主人李财主，得知曹操率领的大军南征孙权途经梅林，便找到亭长（汉代地方官），打算让家丁采摘些成熟的梅子送给曹丞相并犒赏曹军官兵。亭长听后很是高兴，认为丞相率兵亲征劳苦功高，应当犒劳官兵，于是下令手下管辖的上百户家庭都派人帮助采摘梅子。不到一上午的工夫，几百筐成熟的梅子被摆放在大道边，等候曹军大队人马路过时犒劳曹军官兵。

就在亭长、李财主带领乡邻们将采摘下来的成筐梅子抬运到大路边时，荀攸带领粮饷官扛着成箱的五铢钱赶来。荀攸问明缘由后，告诉亭长和李财主，曹丞相爱民如子，曾下令战马践踏百姓庄稼要砍脑袋。有一次，曹操坐骑行军途中被草丛中飞出的鸟惊吓，曹操来不及控制，战马践踏了田地里的一片麦苗。为严明军纪，曹操抽出宝剑要自我惩罚，手下将领们岂能允许？纷纷跪地劝说。于是，曹操便象征性地割去一缕头发，算是对自己违反军纪的惩戒。

李财主向荀攸说明，这片梅林是他家的，他愿意犒劳曹军官兵。荀攸告诉李财主，必须收钱，否则这些采摘下的梅子他们一个都不要。亭长和李财主你看看我，我看看你，只好按照十颗梅子收一枚五铢钱的价格，将采摘的上百筐梅子全部“卖”给将士们。

很快，中军大队人马陆续经过梅林，李财主吩咐乡邻们给每位战士发六颗梅子，将士们却不敢要。这时，荀攸、粮饷官走过来告诉将士们，这是丞相花钱买来犒劳他们的。直到这时，将士们才敢收下香味诱人的梅子。

大军过后，曹操率领的文武官员赶到，粮饷官照样每人发给六颗梅子。曹操品尝完梅子后，称赞梅子酸甜可口，味道鲜美。

曹操率领大军离开后，亭长和李财主便找来工匠，在曹操品尝梅子的山岗上修建了一座石头亭子，取名“望梅亭”，纪念曹操曾经来过此地。

一千八百多年来，那座石头亭一直耸立在山岗之上。直到1941 年，望梅亭被时任地方民团的团长胡载之拆毁，其材料被运至栏杆集用来修建炮楼，这座千年的古建筑方被毁于一旦，这一珍贵的历史文物也只留下一个遗迹。

现在村民们在通往遗迹的地方修了一条路，称为“望梅亭路”，并在路边立了一块石碑，以纪念“望梅亭”这一消失的历史古迹。

筝　笛　浦

撰稿:姚传华

合肥杏花公园里有一块特殊的碑石,碑上刻着如下文字:相传东汉末年曹操同数名歌女乘船在此游玩,船覆于此。后有渔人夜宿于此,梦中闻筝笛弦节之音,声气非常,忽然有人驱之"慎勿近(曹)公船",渔人遂惊醒,移船而去。筝笛浦的故事由此而来。

筝,又称古筝、秦筝,中国古代传统弹拨乐器。笛,笛子,是古老的汉族乐器,也是汉族乐器中最具代表性、最有民族特色的吹奏乐器。

对于筝笛浦的故事,有诗赞云:"浦水盈盈一鉴开,响传筝笛倍悠哉。当年歌舫骄游渌(lù),此日渔舟往去来。堤柳丝垂风欲绾(wǎn),岸花影碎月新裁。云鬟(huán)湘佩归何处,空对流光忆雀台。"

浦,为水边或河流入海的地区。一千八百多年前的合肥,河汊纵横,湖荡连片,整个就是一座江南秀美水乡。

这个故事发生在建安十三年。却说曹操率领四十万大军，与孙军对峙几个月后，孙军主动撤退。曹操得胜，率领大军返回北方，途经合肥，短暂休整。扬州刺史温恢、别驾蒋济获悉丞相南征东吴胜利归来，率领文武将领、文人雅士、商户百姓出城门敲锣打鼓迎接丞相。

曹操看到如此壮观场面，很是激动，跳下绝影宝马，抱拳迎上前去，觉得当时忍痛割爱向献帝举荐，将在他的丞相府担任主簿的温恢派遣至合肥接任刘馥为扬州刺史，蒋济继续留任扬州别驾的决定是正确的。

温恢、蒋济引领曹操及文武官员走过吊桥，由威武门走入城里。

温恢向曹操报告，自五年前孙权意图攻占合肥后，倒塌的城墙已经全部修复，城墙高两丈，厚一丈二尺，周长三千零八十一丈，设东、西、南、北四座城门，分别取名为威武、德胜、平西、拱辰。城墙外为宽二丈的护城河。城池内，大小街道三十八条，城里守军三千，百姓商户三万六千，餐馆、客栈、酒肆、茶肆、作坊、染坊、戏楼，应有皆有。城池外，修筑河坝七条，民屯、军屯营六十余个，屯田农资由州府提供，开垦荒地五万多亩（每亩约合今天的0.23市亩），年可收获十五万石粟，收入与州府、屯田营四六分成，一年可给州府上交九千石。曹操听后很是高兴，赞扬温恢、蒋济治理有方，短短几年便建成一座繁荣富饶、百姓乐居的边城！

当曹操一行行至乐逍遥酒家门前时，曹操猛然想起四年前差点误杀用药膳烧鸡治好他的病的韩老七，故而特意要来看看，还要向掌柜韩老七赔礼道歉并致谢。

却说韩老七得知丞相登门看望，激动不已，带领妻儿、伙计在门前跪地迎候。曹操走上前去，将韩老七扶起，向他表示歉意，还请他再为自己烧制几只药膳烧鸡，好与文武将领一起庆祝南征胜利。韩老七受宠若惊，点头哈腰说一定照办。

曹操一行走后，韩老七挑选了九只不肥不瘦当年孵化的芦花鸡，宰杀、烫洗、剖肚、烤制……全家人一起动手。次日，韩老七将九只味香色亮，皮脆、肉嫩、骨酥的烧鸡送去曹操行辕。当天，曹操便以烧鸡为菜肴，在行辕宴请文武官员。

却说曹操在合肥短暂休整时，驿卒五百里加急送来圣旨，委曹操为魏王，范围包括河东、河内、魏郡、赵国、中山、常山、钜鹿、安平、甘陵、平原，共十郡国，国都邺。

曹操接旨后，感激万分，多年的梦想终于实现了！

温恢为了庆贺曹操升任魏王，建国邺城，下令合肥城中各家酒肆、茶肆、戏楼中的倡优（古代指从事歌舞杂戏的艺人）集中起来，演奏《高山流水》《胡笳十八拍》《广陵散》等东汉时期流行的乐曲，下令合肥县令召集城里的能工巧匠打造几只木制画舫。

这天，温恢、蒋济等文武官员陪同曹操、荀攸、程昱、夏侯惇、张辽、乐进、臧霸、许褚等文武将领出城门，登上一只木制画舫，出护城河游览合肥城外烟波浩渺的湖荡美景。

却说画舫行驶至河汊时，传来悦耳的古琴声，循声觅去，两只木制画舫载着几十名载歌载舞的倡优向曹操乘坐的画舫划来。

曹操见状很是激动，抬头看去，但见一名歌女端坐于画舫上，边弹奏边唱蔡文姬的《胡笳十八拍》。那歌女唱道："我生之初尚无为，我生之后汉祚衰。天不仁兮降乱离，地不仁兮使我逢此时。干戈日寻兮道路危，民卒流亡兮共哀悲。烟尘蔽野兮胡虏盛，志意乖兮节义亏。对殊俗兮非我宜，遭恶辱兮当告谁。笳一会兮琴一拍，心愤怨兮无人知……"

听到这悲切凄婉的歌声，曹操想到了自己的老师蔡邕（yōng）。[①]

听到这熟悉的歌声，曹操还想到了老师的女儿蔡文姬，想到自己少年时老师对他的教导，想到老师没有儿子，唯有一个女儿文姬，还不知下落。曹操派人四处打听，终于打探到了蔡文姬的下落。

原来，当年蔡邕被王允杀害后，蔡文姬流落匈奴，被迫做了匈奴人的妻子。曹操打听到了蔡文姬的下落后，派信得过的大臣周近做使者，携带黄金千两、白璧一双，把蔡文姬赎了回来，安

---

① 蔡邕，字伯喈，陈留郡圉县（今河南杞县）人。东汉时期名臣，文学家、书法家，才女蔡文姬之父，也是曹操的启蒙老师。

排在许昌。歌女吟唱的那首歌便是蔡文姬在匈奴那些年所创作的《胡笳十八拍》。蔡文姬博学多才，擅长文学、音乐、书法。初嫁与卫仲道，丈夫死后回家。曹操重金赎回后，将蔡文姬嫁给了董祀。

就在曹操思念老师、才女蔡文姬时，那只木制画舫向曹操乘坐的画舫靠来，待两只画舫靠近后，十几名歌女手捧鲜花一起拥向曹操及温恢、荀攸、程昱、蒋济、张辽等文武将领乘坐的大画舫。此时，画舫失去平衡，晃动起来。

温恢大叫："丞相小心！"

张辽大叫一声："保护丞相！"

许褚大叫一声："主公当心，船要翻！"说着，冲上前去。

就在此时，随着一阵尖叫声，曹操及荀攸、程昱、温恢、蒋济、夏侯惇、张辽、乐进等文武将领乘坐的画舫倾覆水中，船上的人包括十几名倡优尽数跌落水中。

却说曹操及荀攸、温恢、程昱、蒋济、张辽等文武将领被许褚及担任划桨的水军士兵救上画舫。这些划桨水兵救起诸位文武将领后，再去救落水的十几名倡优，哪里还能见到歌女们的影子？这些落水的倡优被缓缓流淌的水冲得四下流散，不久便一个个淹死在水中。

此后就有了渔夫梦见淹死歌女的传说，也就有了美人溺亡筝笛浦的悲惨故事。

清朝左辅诗云："搜神寻旧浦，浪说绮罗纷。艳质一时尽，清歌何处闻。落花销别琯(guǎn),荒梦散朝云。回首西陵树,何曾驻夕曛(xūn)。”

曹操在合肥短暂休整后,留下张辽、乐进、李典[1]等将领守卫边城合肥,独自返回封地邺城。回到邺城后,曹操下令建造社稷宗庙,凿渠引漳水入白沟,建金虎台,置魏国都城东西都尉,置魏国丞相及以下文武百官,正式建立魏国。

---

① 李典(180—215),字曼成,山阳郡巨野县(今山东巨野)人。东汉末年名将。

藏　舟　浦

撰稿：姚传华

却说曹操在离开合肥时，留下夏侯惇、臧霸等屯兵居巢，命张辽与乐进、李典等率七千余人屯驻合肥。同时，命屯驻合肥城外的将士分批返回各自老家，将眷属接来，建立军屯，开垦土地，种植粟、麦等农作物，饲养家畜家禽。扬州刺史温恢、别驾蒋济给张辽、乐进、李典的屯驻大军屯垦提供了营房建筑材料、种子、农具、耕牛、家禽等。

起初，张辽担任雁门郡吏，后追随吕布。吕布败亡后，张辽归属曹操，此后跟随曹操攻袁氏而转战河北。在白狼山之战中，张辽率领先锋队大破乌桓并斩杀乌桓单于蹋顿。驱逐辽东大将柳毅。以静制动，平定新军叛乱。勇登天柱山击灭陈兰、梅成。此后，长期镇守合肥。

魏文帝黄初三年（222 年），张辽病逝于江都（今扬州）后，合肥百姓为缅怀张辽守卫合肥的丰功伟绩，在张辽曾经大败吴军的逍遥津西侧（今逍遥津公园内湖中岛上）建了一座张辽衣冠冢(zhǒng),这也是国内唯一保存有地面遗迹的张辽墓。至于张辽遗体究竟葬于什么地方,至今还是一个未解的谜。

乐进,字文谦,阳平郡卫侯国(今河南清丰)人,东汉末年名将。以胆识英烈而从曹操,南征北讨。从击袁绍于官渡,奋勇力战,斩袁绍部将淳于琼。又从击袁谭、袁尚于黎阳,斩其大将严敬。不久,乐进击黄巾、雍奴、管承,皆大破之。从平荆州,留屯襄阳。刘备入蜀后,乐进在青泥与关羽相拒,击退关羽、苏非,降伏南郡诸郡山谷蛮夷,又大破刘备的临沮长、旌阳长。后来,乐进数有军功,迁右将军。建安二十三年(218 年)逝世,谥威侯。后世将其与张辽、于禁、张郃、徐晃并称为曹魏“五子良将”。

李典深明大义,不与人争功,崇尚学习,尊敬儒雅,尊重博学之士,在军中被称为长者。李典有长者之风,官至破虏将军,三十六岁时暴病亡于军中。魏文帝曹丕继位后追谥(shì)愍(mǐn)侯。

张辽、李典、乐进率领七千步兵屯军合肥,这一军情很快由孙吴密探报告孙权。孙权接报后,以为攻占合肥的机会来了,于是,一面命董袭扩建濡须坞营垒,一面命甘宁率领战船前往合肥袭扰,同时命吕蒙做好征讨皖城的准备,意图控制江淮南部,使吴国江北地盘连成一片,从而形成对合肥的钳制之势。

甘宁,字兴霸,巴郡临江(今重庆忠县)人。少年时好结交游侠,纠集人马,在地方上为非作歹,组成渠师抢夺船只财物,人称“锦帆贼”。青年时停止抢劫,熟读诸子。曾任蜀郡丞,后历仕于刘表和黄祖麾下，未受重用。建安十三年(208 年)，甘宁率部投奔孙权，受到孙权重用。

却说甘宁得令后，调集十余艘带帆的突冒兵船，挑选千名水兵，由长江进入濡须河，再由濡须河入巢湖。过巢湖后，经南淝河抵达合肥城湖荡。

三国时期的合肥城东、城南方向外河汉纵横，湖荡星罗，水域宽阔。甘宁率领的船体较小带船帆的突冒战船耀武扬威地航行在河汉中，撞翻河汉湖荡中的渔民，抢走渔具，有时上岸抢夺民屯种植的粟、麦等粮食及饲养的牛羊马匹。

吴军战船前来袭扰，城楼上的哨兵发现后，报告张辽、李典等军中头目。可等张辽、李典下令派兵出城门追赶时，吴军水军们便迅速登上战船，或快速划动船桨，或扯起船帆，向宽阔的湖荡中划去，士兵们只能站立在岸边望“船”兴叹，眼睁睁地看着吴军战船满载而归。

吴军战船的袭扰，让屯田的军民提心吊胆，苦不堪言。张辽带领乐进、李典、温恢、蒋济等文武将领乘坐渔船去城外的河汉、湖荡实地考察后，决定召集城里的木匠、铁匠建造战船，同时于吴军战船进入合肥城津水道口的芦苇荡中修筑船坞，藏舟伏兵于此处，等吴军战船前来偷袭时，忽然出现，堵住退路，截杀吴军战船。

蒋济很快绘制出船头、船身带铁锥的艨(méng)艟(chōng)，温恢下令调集城里城外的几十名木匠、十几名铁匠，锯木打钉，开始建造艨艟。张辽下令，屯田各屯抽调人手秘密开凿船坞，为藏备用，为船坞取名“藏舟浦”。

藏舟浦的遗址，根据《合肥县志》记载，大约在今天的寿春路以南、六安路以西、安庆路以北、蒙城路以东范围内。三国时期，这一带水域宽广，且湖荡相连，是伏击孙吴水军的好地方。此处距三国时期的合肥城两至三公里。

两个月后，四艘艨艟修造完工，藏舟浦也修筑完毕。这天，探马报告，吴军甘宁又率领六艘带帆战船耀武扬威地由南淝河驶来。张辽身披铠甲①，手持长戟大刀，与乐进、李典登舟前往藏舟浦设伏。

却说甘宁依旧率领吴军船队耀武扬威地从南淝河驶入津水。当吴军水军战船通过藏舟浦驶往城南时，一阵号角吹响，湖荡中忽然出现六七艘艨艟来，快速划向吴军战船。甘宁见状吃惊不小，连忙下令船队扬帆快速逃离。无奈吴军战船船体较大，而艨艟船体小，划行速度快，很快便追上吴军船队。

张辽挥动战旗，下令艨艟撞击吴军战船，同时命弓弩手向吴军战船放箭。六七艘曹军战船凭借安装在船头船侧巨大的铁锥，在吴军船队里横冲直撞，并不停地向吴军船队放箭。吴军水军遭此突然袭击，阵脚大乱，有的士兵中箭后跌落水中。甘宁见状，慌忙带领其中几艘战船仓皇而逃，余下的几艘战船在曹军艨

① 铠甲，是古代将士穿在身上的防护装具。

艟的撞击下，船体被撞坏，船帆脱落，很快沉没水中。船上的吴军纷纷跳水逃生，遭到随后跟上的曹军的砍杀，伤亡惨重。

十几天后，甘宁率领残兵败将返回建邺，与吴军水军将领董袭一起前往“石头城”太初宫向孙权报告。孙权听后大为吃惊，想不到曹军竟然造出了艨艟。董袭请求亲自率船队陪同甘将军再往合肥，避开曹军藏匿战船的芦苇荡，继续袭扰，得到孙权的批准。

藏舟浦为保卫合肥城发挥了积极作用，合肥的百姓代代相传，藏舟浦的地名由此而来。

教 弩 台

撰稿:姚传华

教弩台位于合肥市区淮河路东段北侧,三国时期,曹操下令筑此高台并在高台上安置弩台,其目的是与藏舟浦一起阻止孙吴水军前来合肥袭扰。史载,东汉末年魏主曹操在此“教强弩以御孙吴舟师”,故得名“教弩台”。

公元280年,西晋灭东吴,统一中国,至此三国时期结束。南朝梁武帝(502—549)在弩台上建铁佛寺,唐大历年间(766—779)对铁佛寺进行重修扩建,至明代(1368—1644)改名为明教寺。咸丰年间太平军入侵合肥,被太平春官正丞相胡以晃放火焚毁,光绪年重建,这座古寺保留至今,成为当今合肥著名的景点。

关于教弩台这处古建筑的由来还有一段精彩的故事。

却说三国时期曹军为抵御孙吴水军前来袭扰,曾专门开凿了藏舟浦,埋伏战船堵截前来袭扰的孙吴战船,但到了后来,孙军知道了曹军藏匿战船的地方,行船路线绕开藏舟浦,绕道津水继续袭扰。大凡这个时候，张辽、李典、乐进等屯扎合肥的将领接到孙吴水军前来袭扰的报告后，下令藏舟浦的战船前往阻截时，吴军的战船早已扬帆快速逃离。

对此，屯扎合肥的曹军士兵及百姓整天在惶恐中过日子苦不堪言，为了解决这个问题，张辽、李典、乐进等曹军将领与扬州刺史温恢、别驾蒋济等官员商议，决定请示曹操于西津河河岸一块高地建造一座高台，高台上安装射程可达五百步的强弩，以此阻止吴军水军战船前来袭扰。

三国时期的士兵用的兵器只有刀、槊（shuò）及弓箭，刀是士兵佩带的主要武器，名曰环首刀，对使用者的腕力等身体素质的要求是非常高的，这也说明当年汉族男儿多么骁勇剽悍。槊是武将佩带的大多是单手握柄的结构，比枪短比矛长的一种兵器。

弓箭，在古代算是一种远射兵器，弓箭出现的时间，也许可以上溯到遥远的神话时代。后羿射九曜的传说，可见弓箭出现年代的久远。弓箭由有弹性的弓臂和有韧性的弓弦构成；弓箭包括箭头、箭杆和箭羽。箭头为铜或铁制（现代的箭头多为合金），杆为竹或木质，羽为雕、鹰或鹅的羽毛。弓箭是古代军队与猎人使用的重要武器。

弩是比弓箭杀伤力更大，射出距离更远的兵器，弩也被称作“窝弓”“十字弓”。它是一种装有臂的弓，主要由弩臂、弩弓、弓弦和弩机等组成。虽然弩的装填时间比弓长很多，但是它比弓的射程更远，杀伤力更强，命中率更高，对使用者的要求也比较低，是古代一种大威力的远距离杀伤武器。强弩的射程有五六百米，特大型床弩的射程可达千米。按张弦的方法不同，可分为臂张弩、踏张弩和腰张弩等，还有能数箭齐射或连射的连弩和装有数把弩弓的床弩。

却说曹操接到张辽、温恢报送的修筑高台架设弓弩抵御孙吴水军袭扰的公文后，不仅批准修筑高台，还亲自设计了高台及弩台的草图，并派专人送去合肥，交张辽、李典、温恢组织施工。

高台设计为台高五丈（16.67米），长宽各十八丈（59.4米），面积三千七百多平方米。曹操设计的弩台为双弓，两箭齐发，射程可达五百步开外，尤其是如此强大的弓弩部署高台上，居高临下，杀伤力更大。

却说张辽、李典、温恢等将领接到曹操批示及设计的高台、弩台图纸后，从屯扎合肥各军中抽调士兵烧制砖块抬土开始修筑，同时，让合肥县令找来数十名能工巧匠按照曹操设计的弩台图纸打制弩台。

在张辽的精心组织下，几个月后，高台修筑完毕，高台的四周用砖石垒砌，高台中间夯土填实；十几台依照曹操设计的弩台也打制完成并摆上高台。

完工的那天，张辽邀请温恢、蒋济、李典、乐进、守城都尉、合肥县令等文武官员一起登上高台观看射箭操演。为了检验曹操亲自设计的弩台威力，张辽下令两只战船全部放上柴草绑扎的靶标，从藏舟浦划入西津水域。当摆放靶标的战船划至离高台五百步的水面上时，张辽一声令下："开弓！"

只见几台弩台在士兵们的操作下扣动机关一起发射，箭羽声中飞向靶船命中靶船。

温恢、蒋济等扬州府官员见如此巨大威力的弩台，无不欢欣鼓舞。他们以为有了这样的武器，加上藏舟浦中的战船，孙吴水军再也不敢前来袭扰。

弩台实射成功后，张辽下令训练弓弩手，轮流登高台值守以防范孙吴水军前来袭扰。从此，每天黎明时分，士兵们便从城里出城门到教弩台，登上弩台后训练弓弩射击，每天如此。而城外士兵们每天行走的这条仅有几十户人家的无名小巷也就有了个特殊的名字，即"操兵巷"。

如今的操兵巷，根据合肥地方志记载，该巷位于今合肥市政府宿舍大院北边的一条僻静小巷，西接徽州大道，东至四湾巷，东西长两百多米。

却说东吴密探发现津水岸边修筑起一个高台，遂报告了孙吴水军头目董袭，董袭亲自率领三艘带帆的战船绕开藏舟浦前往西津水域察看。当董袭率领的战船进入弓弩射击范围时，高台上的指挥官一声令下，五十台弩台同时射向孙吴战船。突如其来的袭击让董袭猝不及防，船上的东吴水兵多数被箭射伤，董袭连忙下令撤退。此后一段时间，东吴水军再也不敢前来袭扰。

曹操三征东吴

撰稿:姚传华

建安十九年(214年),曹操遣庐江太守朱光屯皖城(今安徽潜山)。是年闰五月,孙权趁曹操忙于邺城建造王宫之际,亲率大军攻打皖城。孙权令甘宁为升城督,所部为攻城先锋,吕蒙以精锐之兵继后,孙权亲自擂鼓助战。拂晓发攻,于午餐时破城,获朱光及男女数万口。孙权令虎威将军吕蒙为庐江太守,自己回屯寻阳(今湖北黄梅北)。

却说曹操接张辽、温恢五百里加急军情急报,孙权攻占皖城,掳走庐江太守及百姓数万。曹操接报后恼羞成怒,于建安十九年七月,亲率夏侯惇、曹仁[①]、程昱、司马懿(yì)[②]等文武将领,集结四十万大军从邺城出发,发起对孙权的第三次南征。

曹仁好弓、骑射,少时不修行检,及至成为大将,则变得严

① 曹仁,字子孝,沛国谯县(今安徽亳州)人,三国时期曹魏名将。魏武帝曹操从祖弟,陈穆侯曹炽之子。

② 司马懿(179—251),字仲达,河内温县(今河南温县)人。三国时期,曹魏政治家、军事谋略家、权臣,西晋王朝的奠基人之一。

整，奉法守令。从曹操多年，为魏朝立下汗马功劳。破袁术，曹仁所斩获颇多，大破陶谦军及陶谦部将吕由，攻克句阳，生擒吕布的部将刘何，官渡之战中在隐强打败刘备军，鸡落山之战中又战胜袁绍军。赤壁之战兵败后，曹仁镇守江陵，在与周瑜相持一年后，弃城而走。

却说探马报告，曹操亲率四十万大军从邺城出发向合肥而来。孙权接报后，命吕蒙[①]为都督，率七万大军前往濡须坞及周边扎营迎击曹军。

吕蒙少年时依附姐夫邓当，随孙策为将，在军中以勇敢、有胆气著称。邓当死后，吕蒙统领其部众，拜别部司马。孙权统事后渐受重用，从破黄祖作先登，封横野中郎将。从围曹仁于南郡，破朱光于皖城，累功拜庐江太守。后进占荆南三郡，计擒郝普，在逍遥津之战中掩护孙权逃生，并于濡须口数次抵御魏军，以功除左护军、虎威将军。鲁肃去世后，吕蒙代守陆口，设计袭取荆州，击败蜀汉名将关羽，使东吴国土面积大增，拜南郡太守，封孱（chán）陵侯，受勋殊隆。建安二十五年（220 年）末因病去世，享年四十二岁。

却说曹操率领文武将领在武卫、中垒、中坚、骁骑、游击等各营护卫下抵达合肥。扬州刺史温恢、扬州别驾蒋济及屯扎合肥的张辽、乐进、李典出北城门十里迎接。曹操与前来迎接的众文

① 吕蒙，字子明，汝南富陂（今安徽阜南东南）人，东汉末年名将。

武将领见面，互致问候后，进入合肥城。入城后，曹操稍作休息，便在张辽、温恢等文武官员的陪同下乘船前往津水河岸，登上亲自设计的弩台视察。

曹操一行登上弩台后，慰问高台值守的官兵，察看了整齐摆放在高台上的弩台，听取张辽、温恢汇报弩台建造过程，及利用弩台成功阻击东吴水军战船前来袭扰的战例。曹操听完汇报后很是高兴，鼓励官兵守卫合肥城水上要冲，痛击前来袭扰的东吴水军。

却说曹操视察完弩台后，在行辕召集文武官员，商定南征收复被孙军占领江北的西至皖城东至瓜步（今南京六合）等广大地区。

张辽报告，眼下，西至皖城，东至当涂沿江北岸广大地区全部被吴军占领。李典报告，孙权探知主帅再次率大军南征，委吕蒙为都统驻守濡须坞，屯兵七万准备与曹军决战。

曹操听完汇报后，决定继续进攻濡须坞，打通大军进入长江的通道，进而向西收复皖城，向东收复历阳等被吴军占领的失地。

就在曹操南征大军及屯兵合肥、居巢等地的张辽、李典、乐进、夏侯惇等各军将领准备投入战斗的时候，许都的朝中密探快马报告，皇后伏寿[①]秘密给父亲辅国将军伏完写信，欲派杀手谋杀曹操，除去汉贼，怂恿皇上下旨罢黜曹操丞相、魏国公。

汉献帝刘协非常宠爱伏寿，不仅因为伏寿姿色过人，还因为伏寿很早就陪伴在刘协的身边，二人是一起经历过许多危机、生死患难的一对恩爱夫妻。

伏寿知道，曹操不除，大汉江山早晚要落到他的手中。为了丈夫，也为了自己，伏寿决定除掉曹操。鉴于曹操势力强大，一番缜密谋划后，伏寿先是给父亲写了封密札，派身边心腹送去，信中历数曹操不仁不义，杀害忠良，欺侮皇帝，意图篡夺大汉江山等种种罪行，希望父亲效法董承，派出杀手谋杀曹操，为民除害。

伏完也想除掉曹操，但是知晓曹操手握重兵把持朝政，党羽遍布朝野，不敢轻易动手，不久便在犹豫与恐惧中病逝，暗杀曹操的行动一直没有实施。伏寿对父亲很失望，便劝说刘协趁曹操率部南征，颁布旨意揭露曹操不仁不义欺侮皇上的罪行，罢黜丞相、魏国公，号召天下各路英雄讨伐奸贼曹操！

却说刘协听了伏寿的劝说，想到迁都许昌后徒然守着虚位，

---

① 伏寿，徐州琅琊郡东武人，西汉大司徒伏湛的八世孙。伏寿父亲伏完是东汉末年大臣，历官辅国将军、中散大夫、屯骑校尉。伏寿的嫡母是汉桓帝之女阳安公主刘华，不过伏寿并不是公主所出。伏寿在年龄很小的时候就入宫了，最初她被封为贵人，十五岁时被封为皇后，她与刘协生有两位皇子。

值宿警卫侍兵,没有一个不是曹操的旧党羽和姻亲密戚,包括曹操送给他做夫人的曹宪、曹节、曹华三个女儿,都是曹操派来皇宫监视他的,犹豫再三,不敢贸然行动。

却说伏寿给父亲谋杀曹操的密札,及伏寿游说皇帝罢黜曹操的消息,被曹操安插在伏寿、刘协身边的耳目知晓,便快马报告了曹操。

正准备筹划攻取濡须坞战斗的曹操忽然接到这个让他惊魂不定的消息,斗志全无,想想自己花甲之年还在为大汉江山披挂出征,而今,遭皇上、皇后却恩将仇报,密谋暗杀他,罢黜他,如此,征讨还有何意义?于是,带领大队人马返回许都,围城靖难先处理好。

却说曹操率领的四十万大军屯兵许昌城外,刘协接报后吓得魂不附体。伏皇后知晓曹操率领大军返回许昌是冲着她来的,自己只有死路一条,已经做好死的准备,但表面上显得镇定自若,等待曹操入宫。

却说曹操抵达许昌后,率领许褚等一帮亲兵闯入皇宫,刘协吓得连忙下龙椅迎接曹操。曹操二话不说,逼迫刘协下旨废黜伏寿皇后,刘协只好遵从。

曹操下令,将伏寿关进掖庭暴室,幽闭而死。伏寿所生的两位皇子都被曹操杀死,伏寿母亲等十多人都被流放到涿郡,伏寿宗族有数百人被处死。

曹操让刘协立女儿曹节为皇后,刘协只能应允。

却说正担心曹操四十万大军前来南征的孙权，接到吕蒙濡须坞送来的伏皇后密谋诛杀曹操，曹操率领大军返回许昌围城靖难的情报，满心欢喜，悬着的心终于放下了。

曹操兴师动众的第三次南征，因伏皇后密谋暗杀曹操而就此夭折。

孙权二攻合肥城

撰稿:姚传华

却说曹操处置好伏寿皇后事件后,准备率领大军继续南征,夺回被孙权占领的江北大片地盘。因汉中军阀张鲁①暴动反抗朝廷,曹操只好整顿兵马挥师西进,清剿叛匪张鲁。

曹操率领大军征讨张鲁,兵至阳平关(今陕西勉县)。张鲁欲降,为其弟张卫所止。张卫率数万人横山筑防御工事10余里,拒关坚守。曹操久攻不下,损失严重,遂拔营撤军。曹军返程时,误入张卫军营,叛军见那么多曹军涌入军营,顿时乱了阵脚,曹军乘势攻占阳平关,张卫见大势已去率残部夜遁。张鲁知阳平关失,封藏仓库,退往巴中。十一月,张鲁投降,受封镇南将军。汉中之地尽归曹操。

---

① 张鲁,字公祺,沛国丰县(今江苏丰县)人。东汉末年割据汉中一带的军阀,据传是西汉留侯张良的十世孙、天师道(五斗米道,入道每天要交五斗米)教祖张陵之孙。

却说张鲁归降曹操，反促使为争夺荆州地盘而僵持不下的孙权和刘备修和。两人商定，以湘水为界，刘备用江夏郡换孙权的零陵郡，并把已经占领的长沙郡、桂阳郡划给孙权。此后，孙权便占据了荆州的江夏、长沙、桂阳三郡，刘备让关羽镇守南郡、零陵郡、武陵郡，孙权、刘备以湘水划界平分荆州。

孙权与刘备完成地盘分割后，趁曹操大军远在汉中，一时无法东顾之机，决定再次攻占合肥。孙权于陆口（今湖北嘉鱼陆溪）集结十万大军，分陆、水两路。陆路由吕蒙、徐盛等将领率领，经皖城从合肥西、北两个方向包围合肥；水路由他和董袭、潘璋等将领率领，顺江而下，由濡须坞进入巢湖，过巢湖沿着南淝河进抵合肥，与吕蒙、徐盛率领的陆路大军，分从东、南、西、北四个方向对合肥形成包围。

曹操汉中接到探马报告，孙权率领十万大军东进，很快意识到孙权与刘备平分荆州后便盯上了合肥。而此时的合肥仅有张辽、乐进、李典三员大将，加上守卫城池的州兵总兵力不足万人，如何御敌？曹操思考了几天后，书写锦囊密札一封，派护军薛悌（tì）[①]星夜兼程赶往合肥。

却说孙权亲率水路大军进抵濡须坞营垒，做短暂休整。探马来报，合肥城中仅有张辽、李典、乐进三位曹军主将率七千人

---

① 薛悌，生卒年不详，字孝威，兖州东郡（今山东聊城）人，东汉末年至三国时期曹魏官员。

马屯守，加上合肥城守兵，不足万人，且军民正忙于在城外收割谷子。

孙权接探马报告后，命董袭、甘宁夜晚偷袭曹军城外水军，焚毁城外藏匿在芦苇荡中的曹军战船，为大部队进抵扫清障碍。董袭、甘宁领命后，两人商议一番，决定由甘宁率领一队人马前往曹军的藏舟浦焚烧曹军战船，董袭则率领一队人马埋伏于湖荡中，一旦曹军前来救援便发起突然袭击，打一个埋伏战，为这几年前来袭扰而遭曹军伏击牺牲的吴军弟兄报仇。

时值仲秋，张辽、李典、乐进正率所部各自屯垦地收割谷粟，探马报告，孙权率领十万大军分水、陆两路前来攻打合肥。

张辽、李典、乐进接报，与扬州刺史温恢、别驾蒋济商量后，一边派人快马赶往汉中向曹操报告，一边组织军民加紧收割谷粟，待谷粟收割完后，城外屯田的军民们全部返回城里，同时，囤积粮草，赶制弓箭，向城墙上运送石块、檑木及夜晚照明用的鱼膏松脂，做好迎敌准备。

却说董袭、甘宁各自带领几艘带帆的突冒战船，趁着夜色通过南淝河悄悄进入津水。按照分工，甘宁前往曹军藏舟浦偷袭，董袭率领水军潜伏于芦苇荡中袭击前来救援的曹军。

甘宁带领几艘突冒战船悄悄进入曹军藏舟浦，只见藏舟浦中除了留下几只破旧的艨艟战船外，不见一名曹军水兵。原来，张辽料定惯于要诡计的孙权围攻城池前，定会派人前来偷袭，故而将藏舟浦中的官兵及几艘战船全部调回护城河，留下几只不能用的破船，迷惑吴军。

甘宁恼羞成怒，下令将藏舟浦中的几艘破旧战船全部烧毁。

却说张辽、李典、乐进并温恢、蒋济巡视城墙上，看到藏舟浦火光冲天，温恢、蒋济称赞张辽神机妙算！

探马来报，孙权率领的五万水军进入南淝河，鲁肃、吕蒙率领的五万步兵已经抵达柿树岗（今合肥肥西）。就在吴军十万大军压境的困难之时，传来好消息，曹公料事如神，已经派护军薛悌携丞相锦囊妙计前来合肥，在驿站与张辽派去的求救官员相遇。

张辽、李典、乐进得知消息后，前来州府衙门面见魏公派来的护军。薛悌告诉各位文武将领，丞相汉中暂时抽不出兵力前来救援，让他送来锦囊妙计，待吴军围城时方可拆开。曹操叮嘱，照计执行定能破敌。张辽跟随曹操参战无数，知晓曹操料事如神，虽然没有派来援兵，但有了锦囊妙计，照样可以破敌。

原来，张辽是当年曹操的降将，李典瞧不起张辽，因而二人向来不睦，这些曹操早已知晓。张辽见李典、乐进对曹操密函表示怀疑，遂对二人道："曹公正率军在汉中作战，等他率领的援军到达时，孙权军必定已攻破城池。成败与否，就在此一战，各位有何疑惑？"

李典听了张辽的话后道："生死存亡之际，听张将军的。"李典表态后，乐进也表示遵从丞相密函行事，听从张辽指挥。

却说孙权率领的五万水军，鲁肃、吕蒙率领的五万陆兵，分别从合肥城的东、南、西、北四个方向，将合肥城像铁桶一般团团围住。孙权下令弓弩手给张辽、温恢发去劝降书，奉劝张辽、李典、乐进并扬州刺史温恢、别驾蒋济放弃反抗开门投诚，如若不从，三日之后，十万大军将血洗合肥城。

张辽大战逍遥津

撰稿：姚传华

我们走入合肥逍遥津大门，迎接我们的便是张辽身骑战马的威武塑像，这是合肥人民为了纪念这位大英雄而特别铸造的一尊塑像。一千八百多年前，就在这座公园所在地曾发生过一场中国古代军史上以少胜多的经典战例，张辽率领八百勇士战胜孙吴十万大军，飞骑桥险些活捉孙权。

逍遥津窦家池、斗鸭池，古时候为淝水的一处繁华津渡，也是古代兵家必争的重要渡口。

却说曹操西征张鲁时接探马报告，孙权亲率十万大军再次进攻合肥，遂写下锦囊妙计派护军薛悌前往合肥。张辽打开曹操的锦囊妙计，上面写道："若吴军来到，张、李两位将军出城迎战，乐将军守城，护军薛悌不要出战。"

张辽展示完曹操的密函后，提出他的破敌方案：温恢、蒋济继续备战粮草率领州兵守护城池，挑选敢死队八百勇士，由他率领，趁吴军立足未稳，擒贼先擒王，照准孙权中军营地，突然袭击，打他个措手不及，打破孙权的计划。同时，为了迷惑敌人，当敢死队出城时，四座城门同时擂动战鼓，李典、乐进、薛悌各率领一支队伍分从北、西、南冲出，待敢死队冲出东城门后，迅速返回。

李典、乐进、薛悌、温恢、蒋济等都表示赞同张辽破敌计划。

任务部署完毕后，张辽派出几名水性好的士兵从暗道出城，由护城河潜水上岸，前往吴军军营侦察，自己则率领李典、乐进、薛悌、温恢、蒋济等文武将领登上城墙观看吴军部署。只见城外旌旗飘扬，湖荡中战船首尾相接，座座营帐一眼望不到边际。

却说孙权令弓弩手发射给张辽、温恢劝降书三天期限已过，见城中曹军一点动静都没有，预感张辽、温恢不会向他投降，遂决定发起攻城战斗。

当晚，孙权在中营大帐宴请潘璋、宋谦、徐盛、陈武、凌统、甘宁、吕蒙、蒋钦、贺齐、谷利①、董袭、周泰、陆逊等参战文武将领，下达命令：明日卯时，水、陆两师分从东、南、西、北四个方向同时发起攻击，此战务求攻克合肥，打通吴军西进中原的通道。

却说天黑后，曹军各军中选出的八百名勇士全部到位，温恢下令，宰杀耕牛五头，鸡、鸭、鹅各五十只，九韵春美酒十坛，温恢、蒋济、李典、乐进、薛悌等文武将领一起参加壮行宴会。

---

① 谷利，三国吴人。原为孙权的奴隶，后为孙权左右给事、亲近监，因秉性忠烈而被孙权选为贴身侍卫。

壮行宴上，张辽手捧酒盅与八百敢死队盟誓：“大丈夫生于乱世，当带三尺宝剑立不世之功，诛杀贼寇，死而无憾！”

夜晚，潜水出城的几名密探返回城里，报告孙权大营所在位置——城东门东南津水（今逍遥津）北边。接到这一情报后，张辽决定率领八百勇士从威武出城，李典、乐进、薛悌依照原先计划制订作战方案，擂战鼓开城门出城，迷惑吴军，掩护八百名勇士杀入吴军中营，擒拿贼首孙权。

次日凌晨时分，吴军官兵还在营帐里呼呼大睡，合肥东、西、南、北城门同时响起战鼓、冲锋号角，接着城门洞开，同时冲出曹军一队步骑兵。

从东城门冲出去的一队人马，由张辽亲自率领，但见张辽身穿铠甲，手提月牙戟，一马当先，杀入吴军中军营地。吴军士兵见状前来阻拦，被张辽挥戟斩杀。随后，张辽一边大声呼喊自己的名号“张辽在此，敢阻拦者死”，一边拼杀，冲入了东吴营垒。八百名勇士在张辽的感召下，跟随张辽直冲进孙权中营营帐。混战中，东吴猛将陈武战死，宋谦、徐盛都负伤往后退。潘璋这时正好在他们后面，便驰马上前，斩杀了宋谦、徐盛。原本往后退的败军看到这种情形，皆回到自己的岗位戮力死战。但张辽依然冲到了孙权的主帅麾旗之下。

正在睡梦中的孙权接报曹军从四个城门同时出城，吃惊不小。孙权知晓曹操诡计多端，他怀疑合肥城里可能藏有大批伏兵，周围的将士便护着主帅向一处高岗逃去。

张辽在坡下高喊:“活捉孙仲谋!”八百名勇士跟着高喊:“活捉孙权!”

孙权见状后,吓得瑟瑟发抖,不敢有所举动,等局势稍稳后才敢向坡下看去。原来张辽率领的敢死队不过数百人而已,遂下令把张辽的敢死队围起来。张辽看局势不对,连忙率左右将士突围,杀出一条血路。张辽与左右数十人杀出重围后,回头一看,其余陷在重围的曹军战士高喊着:“张将军难道要丢下我们不管了吗?”张辽听到勇士们的呼喊,毫不迟疑地掉转马头再次杀进包围几层的东吴军,横冲直撞,又杀出一条血路,把被围困的勇士们解救出来。

血战中,东吴官兵都被张辽的勇猛所震撼,没有人再敢阻挡。就这样,这场血战从凌晨战到中午,张辽率领的敢死队趁乱安全返回城池,与乐进、李典等各军准备守城事宜。

孙权受到张辽这场突袭,恼羞成怒,下令攻城。谁知在扬州刺史刘馥与继任刺史温恢多年的建设下,合肥城城墙高大坚固,檑木、礌石等战备物资十分充足。而且,在张辽率八百将士突袭吴军帅营大获全胜后,士气高昂,众志成城,充满必胜信心。而吴军上下像是打了一场败仗,丧失了斗志与信心。连续强攻了十几日都攻不破城池,吕蒙、甘宁等人一时也都想不出什么破城之计,加之吴军中疾疫流行,孙权只好下令退军。

张辽在城楼上看到吴军分拨退去,而孙权帅营却押于后面。张辽脑海里突然跳出一个念头:吴军撤退,孙权身边正是兵力最少的时候，这般千载难逢的歼敌机会岂能错过？

原来孙权要诸军先退，然后帅营自逍遥津口渡河南撤，此时北岸只剩孙权的卫队虎士一千余人，以及凌统[①]与甘宁等将领率亲兵伴随。

张辽决定不放过歼敌机会打一场追击战，遂与李典率所部出城追击，命乐进等人留守城中。

孙权看到合肥城步骑齐出，情知不妙，赶紧派人将前面已撤退的部队叫回。无奈那些部队已上路一段时间，一时还赶不回来。凌统见状便带着亲卫族众三百人与曹军展开激烈的血战，边战边向渡口退却。

却说凌统率领的亲兵护卫孙权退到逍遥津渡口，发现桥已被曹军破坏，剩下两边延伸的桥板，中间有一丈多的地方没有桥板可依托。孙权身边的官员谷利要孙权持着马鞍，然后让马后退，再飞纵向前，谷利在后面用鞭抽马以助马势。孙权就这样连人带马地飞跨到南岸。

凌统看到孙权安全地到了南岸，又率部回身继续与曹军再战。一场短兵相接的战斗结束，身旁的左右亲兵多数战死，凌统也多处负伤，只好披着战甲潜行，回到东吴军所在处。

孙权看到凌统回来，十分惊喜，赶紧找人帮凌统更衣换药。

---

① 凌统（189—217），字公绩，吴郡余杭（今杭州余杭区）人，三国时期吴国名将。

凌统因他的亲卫族众没有人活着回来,很是伤感。孙权用衣袖帮他擦泪,安慰他说:"公绩啊,亡者已矣,只要你还活着,还怕会没有人吗?"回去之后,孙权果然给凌统人数是以前两倍的部队。

追击战斗获胜后,张辽再次统筹战局,预估了孙权的逃生路线,并分兵绕过东吴军队进行毁桥。而孙权与甘宁蹴马赴津,又有谷利鞭马助势,才得以跃过断桥,死里逃生。

张辽不知孙权已退走,问投降的东吴士兵,刚才有个紫色胡须、身长腿短、善于骑射的人是谁,东吴降卒说那就是孙权。张辽回到合肥城中,与乐进说早知道就急追他,搞不好就可生擒孙贼,曹军听了皆大为叹恨。

等东吴军都撤出了,孙权在船上与诸将饮宴,贺齐在席间涕泣而道:"至尊(当时东吴将士如此称孙权)身为人主,应当持重,今天这样的事,差点全盘皆没,部下们都震惊万分,希望您能以此为终生之诫!"孙权起身谢贺齐,说他必定会谨记在心。

斛　兵　塘

撰稿：姚传华

在合肥工业大学（屯溪路校区）校园东南角，有一块面积百亩的水塘，如今很少有人知道这块水塘竟然是三国遗址，距今一千八百多年，名叫斛（hú）兵塘，别名量兵塘或站塘。在合肥叫站塘的地方除了合肥工业大学校园里的这一处，蜀山区南岗镇北部鸡鸣山山下有一处，瑶海区东七里站也有一处。如今，三处叫站塘的地方，保留下来的有两处，即合肥工业大学校园和鸡鸣山下。相传这三个叫站塘的地方，都是三国时期曹操用来计量将士的场所。

斛，中国旧量器名，亦是容量单位，古时一斛为十斗，后来改为五斗。

三国时期的曹军分为中央军和地方军，中央军由曹操掌控；地方军分为州、郡，分别由州最高长官刺史、郡太守掌控。军队编制为伍、什、伯、都、牙、骑、督、将军等。伍为三国时期最基层也是最小的军队单位。每伍五人，伍设伍长。两伍为一什，设什长，一什为十人。十什为一伯，设立伯长，一伯官兵一百人。十伯为一都设都尉，都尉下辖将士千人。都上面是牙门将，牙门将下辖将士无定员，一般两千至五千。

容量单位的斛又如何与兵员数量相关联呢？故事得从曹操第四次南征说起。

却说曹操降伏汉中军阀张鲁，天子刘协为表其功，四月曹操被加封为魏王。史书记载：建安二十一年（216 年），曹操降伏叛匪张鲁，占领汉中，平定北方，天子刘协表其功，谕旨曹操进封魏王，所任丞相领州牧如故。此时，曹魏政权管辖荆州、豫州、青州、兖州、扬州、徐州、凉州、冀州、幽州、并州、雍州等十一州。是年十月，曹操率五十万中央大军，从邺城出发，十一月至谯县，稍作休整后，水、陆两师及他所率领的中军大营向合肥进发。

为确保此次南征大获全胜并夺回陆续被孙权攻占的皖城、舒县、庐江、历阳、当涂等长江北岸广大地域，曹操借用天子刘协的谕旨下令豫、荆、青、兖、扬等州招募不少于五万的地方军，全部于合肥集结，听候号令，南征孙军，号称百万大军征东吴。

却说孙权接报曹操于合肥集结百万大军南征，命大将吕蒙为都督，率部驻守濡须坞。吕蒙接令后，率部携带万张强弩、数万支箭羽及大批粮草赶往濡须坞。抵达濡须坞后，组织官兵加固营垒，架设弩台，做好迎击曹操大军的准备。

曹操封王后率部前来合肥，温恢、蒋济、张辽、乐进、李典及合肥城商贾和文人雅士出西城门十里迎接。曹操对张辽率领八百名勇士,杀入孙权中军营帐,差点活捉孙权大为赞赏,任命张辽为征东大将军。

进城后,曹操亲往军营看望参战的八百名勇士并给予提拔、奖赏,同时,对参战有功的李典、乐进及温恢、蒋济等州、县官员也给予奖赏。而后,在张辽、温恢等文武将领的引领下,沿着张辽率领八百名勇士杀入孙军中军营帐追杀的路径,及孙权飞马跨越飞骑桥巡视一遍。

却说曹操以天子刘协征集部队的诏令下达后,豫、荆、青、兖、扬各州积极响应,很快,各州郡招募的部队在合肥集结。一时间,合肥城及周边地区战旗猎猎,战马嘶鸣,各郡县集中来的部队无法计数。由于局面混乱,出现了虚报人数,冒领军饷粮草等情况。曹彰、曹仁获悉这一情况后,很是气愤,于是前来曹操行辕,请曹操下令,清查各郡县送来的部队,若有以少充多蒙混过关,或虚报人马数量领空饷的官吏,一经查出则格杀勿论。

却说曹操听了曹彰和曹仁报告后,觉得大战在即,军心不可动摇,找来谋士司马懿商量一番后,下令由张辽、夏侯惇、曹仁负责,分别于合肥城外东、西、南三个方向开挖旱塘三口,即东边的今合肥东七站塘、西边的鸡鸣山站塘、南边的今天合工大校园内的站塘,每口约今天的田亩一百亩,按照东汉军制部队列阵可站立将士万人、战车千辆。此令下达后,原本滥竽充数的郡、县不敢再虚报兵员数字,冒领粮草和军饷。用站塘量兵,可谓中国古代军事史上奇葩的案例,似与曹冲称象如出一辙。

却说曹军百万大军集结完毕后，各路大军将领齐聚于教弩台下，听候曹操下达作战命令。

这天，曹操身穿宽袖汉袍，佩带倚天宝剑，登上教弩台，焚香祭天后，点将张辽、臧霸、孙观为先锋军，向孙军重兵防守的濡须坞发起攻击；点将夏侯惇、张郃、曹休等为左路军；点将曹仁、李典、乐进等为右路军，协同先锋军作战；点将曹彰、满宠为西路军，围攻皖城。点将后，曹操率领文武大臣，进扎居巢，指挥三路大军协同作战，这也是曹操有生之年最后一次南征。

却说孙权接报曹魏大军前来讨伐，下令吕蒙于濡须坞囤积粮草，加固城池，积极备战，迎击曹魏大军，命董袭率部前往濡须坞增援，自己则乘船随后赶往濡须口指挥作战。

魏吴二战濡须坞

撰稿：姚传华

建安二十二年(217年)正月，曹操率领南征大军大营驻扎居巢。不久，以张辽、臧霸为前锋屯兵江西郝溪(今巢湖东关至巢湖闸裕溪河)，随即向吴军濡须坞发起攻击。

张辽、臧霸担任第一轮前锋，在行军过程中遭遇了持续的大雨。在泥泞不堪的路途中，前锋大军先到江边，而主力大军尚未到达。此时，江水上涨，东吴的舰船也稍稍前进。由于降雨、水涨容易导致水灾，东吴水军可以凭借舟船而在随时可能发生的水灾中游刃有余。因此，张辽、臧霸等将士都感到不安。眼见雨甚、水涨而缺船，张辽认为应该防患于未然，意欲撤军。但是，臧霸坚持要执行曹操的屯驻命令而反对撤军，因此向张辽劝谏道："曹公让我等屯驻，您却要撤军。曹公是那么英明的人，怎么可能会舍弃我们呢?"张辽接受了臧霸的建议屯驻了下来。

正月里天寒地冻，时常风雪交加。东吴水军大将董袭[①]率

① 董袭，字元代，会稽余姚(今浙江余姚)人。东汉末年名将。

五楼船抵达濡须坞,与吕蒙一起迎击曹军。

至夜深时,暴风狂袭,五楼船倾覆,众将士乘舸逃走,请董袭一起逃出。董袭大怒道:“我受孙将军的重任,在此处防备敌人,怎能委身而去?谁再说要逃走便立斩!”于是无人敢再干涉。当夜船沉,董袭淹死。孙权临时换上丧服,参加他的葬礼,对他的家属抚恤十分丰厚。

天气转好后,曹操下令进屯江西郝谿的张辽、臧霸、孙观率部展开攻势。

却说孙观请命率领敢死队打头阵,得到张辽批准。孙观即从所部挑选五百名士兵组成敢死队,向吴军据守的濡须坞营垒发起攻击。吕蒙见曹军发起攻击,下令强弩阻击魏军。随着吕蒙一声令下,万张强弩同时发箭,顿时,飞箭如同蝗虫一般射向曹军。面对吴军射来的密集箭矢,孙观率领的敢死队毫不畏惧地继续向前冲锋,快冲至吴军阵地前沿时,一支毒箭射中孙观的左脚,孙观拔出毒箭,依然率领敢死队往前冲。无奈,吴军营垒坚不可摧,几轮攻击未能得手后,孙观只好带伤败退而归。

臧霸、张辽得知孙观中吴军毒箭后,立即差手下赶往居巢报告曹操。曹操得知孙观中吴军毒箭后仍然率部冲入吴军营垒,大为感动,亲自带领几名军中郎中前来看望孙观,并为孙观疗伤。

曹操见到受伤的孙观后,对他说:“将军受到如此重创,却表现得更为勇猛,你不是应该为了国家而更加珍惜爱惜自己的身体吗?”当即封孙观为振威将军。

不久,孙观因中毒箭而死。曹操为失去一员猛将而痛心,颁令其子孙毓袭其爵,后来,孙毓官位至青州刺史。

面对曹操的百万大军,孙权陆续调兵遣将前来增援,猛将周泰率军来到濡须坞参战,中郎将徐盛、偏将军朱然也都纷纷前来参战。

却说第一次攻击告败,张辽、臧霸向曹操请求率部第二次攻击,得到曹操批准。曹军二次进攻,吴军在都督吕蒙、濡须督蒋钦及前来增援的周泰、徐盛、朱然等将领的率领下,奋力抵挡曹军的进攻,打退张辽、臧霸等将领率领的曹军的一次次攻击,两军形成对峙。

曹操见攻不下濡须坞营垒,便率领程昱、司马懿等幕僚乘坐战船亲往濡须坞观看,但见吴军营垒坚不可摧,士兵斗志昂扬,对孙权治兵方略深为敬佩。司马懿向曹操献计,可派夏侯惇率部佯攻历阳,曹仁率部佯攻皖城,迫使孙权调兵前往两处增援,从而趁吴军兵力空虚之时,一举攻克吴军濡须坞营垒。

曹操采纳了司马懿的建议,下令夏侯惇、乐进所部向历阳,曹仁、满宠向皖城发起攻势。

却说孙权在停泊于长江的战船上接到探马报告,曹军夏侯惇、曹仁分别向历阳、皖城发起攻势,揣测曹军进攻濡须坞受阻,意图攻占历阳、皖城。为了保全已经攻占的江东地盘,权衡得失利弊,孙权在战船上思考两天两夜后,做出了让众多吴军将领不可接受的决定:向曹操投降!并命都尉徐祥携他的亲笔投降书前往曹军大营向曹操请降。

却说曹操正在营帐中为两军对峙僵持不下而坐立不安时,许褚来报,孙权派使臣携孙权亲笔请降书前来请降。曹操闻言大喜,让许褚将孙权派来的使臣请入营帐。徐祥进入营帐后,先向曹操跪拜,后递上孙权亲笔请降书。

曹操浏览完请降书后满心欢喜,答应了孙权请降,遂下令夏侯惇、曹仁停止攻城,张辽、臧霸所部退居巢,其余中央及各郡派来的地方军全部撤退,并派使臣携亲笔信札前往吴军大营面见孙权。不久,曹操又将曹仁女儿许配给孙权弟弟孙匡,以联姻方式巩固双方联盟。

至此,曹操动用百万大军第三次南征孙军,以孙权请降化干戈为玉帛。

紫蓬山上李典墓

撰稿:石莉

在合肥市肥西县紫蓬山国家森林公园的西庐禅寺正门,往左下坡一个叫仙人洞的地方,有一座鲜为人知的古墓。这座墓修建于三国时期,距今已有一千八百多年,可谓难得的“老古董”。古墓的主人,便是赫赫有名的魏国名将李典。

李典年少时好学,博览群书,尤其是兵书。他少年时便跟着伯父李乾归附曹操。群雄争霸时期,在吕布与曹操交战中,李乾不幸被吕布俘获,因不肯投降而被吕布手下薛兰、李封所杀。此后,李典助堂弟李整杀敌报仇,屡立战功,颇受曹操赏识。不久,李整也战死沙场。曹操为褒扬李氏战功,报请朝廷批准任李典为离狐(今山东东明)太守,中郎将。

担任太守后的李典在群雄争霸血与火的洗礼中,逐步成长为曹操麾下的一员大将。从征河北、荆州、西凉再立战功,并在博望坡之战识破刘备的伪遁之计,救下了魏将夏侯惇、于禁。

建安十八年(213 年),曹操率领二十万大军,兵分三路,自邺城(今河北临漳)出发,开始对孙吴第二次南征。次年,因孙权派来信使与曹军言和,曹操下令大军北撤。撤退前,曹操命张辽、李典、乐进率部屯扎合肥戍边垦荒。

大军离开合肥后,张辽、李典、乐进各自命令所部将士分批返回老家,将眷属接来,建立军屯开垦土地,种植粟、麦等农作物,饲养马、牛、羊、猪等牲畜及鸡、鹅、鸭等家禽。

李典所部屯扎于合肥城西南四十多里,一片连绵起伏、荒无人烟的山峦下。部队开拔至山下后,李典下令各队搭建营帐,修筑道路,开挖沟渠,开荒种地。扬州刺史温恢、别驾蒋济给屯垦部队送去农具、耕牛、种子、家畜、家禽。一场轰轰烈烈的军垦在合肥周边展开。

因连年战火背井离乡的山下百姓,得知曹军在山下开垦荒地种植粮食,纷纷返回家乡。李典便为这些失去家园的百姓提供种子、农具、牲畜、家禽,帮助他们重建家园。李典深得百姓们拥戴,百姓们都亲切地叫他“好人将军”。

却说这年的七月十五(中元节),与士兵们劳作一天的李典吃过晚餐后,躺到帐前的一块竹席上摇着芭蕉扇纳凉,不知不觉已经到了午夜。此时,皓月当空,秋风习习,万籁俱寂。蒙眬中,李典忽而听到有人在呼喊他。李典猛然睁开眼睛,环顾四周,身边除了正鼾声如雷的侍卫周三外,并无他人。李典很是纳闷,心想鬼节真是闹鬼了!哪里有什么鬼呀!随他闹去吧!丢下芭蕉扇正欲再睡，呼喊他的声音再次响起："曼成，曼成，和汝说话的是汝的老祖宗李陵，吾现在是孤魂野鬼漂游天涯，得知汝今系曹操手下一员大将，手握重兵，有钱有粮，便漂游而来。请求汝于这处山岭之上，为李家三族孤魂野鬼修建寺庙一处，让吾等灵魂有个栖身之所。"

听到这儿，李典猛然坐起，只见一个萤火虫一般忽闪忽闪的幽灵在身边。

李典怒骂道："哪来的大胆野鬼？敢来冒充李家祖先骚扰本将！"

幽灵答道："曼成，吾就是你的第七代世祖李陵！天机不可泄露，请汝快快随我前来。"说完，晃晃悠悠地飘动而去。

李典越发感到这事有些稀奇，幽灵说得那么清楚，连自己的字都能叫出，让他不得不信这幽灵是家鬼。于是，他提上放在竹席边的青龙偃月刀，看了看依旧鼾声如雷的周三，壮了壮胆子，在幽灵的引领下沿着山道一路向山顶登去。

到了山顶，幽灵告诉李典，这儿是块风水宝地，请他就在这儿建造一处寺庙，供他和被暴君刘彻残杀的李家三族孤魂野鬼栖身。

李陵（前134—前74），字少卿，陇西成纪（今甘肃静安）人。西汉名将、文学家，飞将军李广长孙。擅长骑射，爱护士卒。初以祖勋，授侍中、建章宫监，迁骑都尉。李陵是汉武帝时名将，戎马一生，打败了匈奴的无数次进犯，为汉王朝立下赫赫战功！天汉二年(前99年),跟随贰师将军李广利(汉武帝小舅子)出征匈奴,率五千步兵与八万匈奴兵战于浚(jùn)稽(jī)山,后被李广利出卖,匈奴军队重重围困,兵败被迫投降。

汉武帝刘彻听信李广利谗言,以为李陵苟且偷生背叛朝廷当了匈奴俘虏,勃然大怒,谕旨夷灭李家三族(父母妻妾儿女),焚烧房舍,李家所有土地、财产全部清缴。

远在匈奴的李陵得知这一噩耗后,口吐鲜血,一病不起,于公元前74年死于匈奴。

对于李家这位老祖宗,李典是知道的,包括骁骑将李广都是小的时候父辈经常教导学习的榜样。老祖宗李陵全家三族遭灭门的历史,李典也是清楚的。时值鬼节,老祖宗的魂魄前来求助,作为晚辈,当然责无旁贷。

李典向幽灵道:“请老祖宗放心,晚辈尽快在这处山岭上为老祖宗及家人魂魄修筑庙宇,供奉老祖宗及家人亡灵,晚辈也会时常前来焚烧香烛祭奠你们。”

李典说完,便见幽灵围绕山岭忽闪忽闪转了三圈后,向遥远的天际飞去。

第二天,李典调集部队修筑上山道路,将山顶凿平,砍伐粗壮树木,于山下建窑烧制砖瓦。做完这些准备工作后,李典从合肥城请来一位画师精心绘制了一座规模不大的寺庙。他拿出自己多年的积蓄及战功奖励,请当地亭长招募一批能工巧匠,于山顶上建造供奉先祖李陵及其家人的寺庙。

一年后，寺庙建成，李典为寺庙取名“李陵庙”，这座无名山也随之有了名字：李陵山。

就在李陵庙建好后的次年八九月间，孙权率领十万大军由陆口（今湖北嘉鱼陆溪）沿长江顺流东下，目标直指合肥。军情传来，李典下令结束屯垦率部返回合肥，与张辽、乐进及守卫合肥的州兵一起保卫合肥。

却说正在汉中讨伐韩遂、杨秋、李堪、成宜等叛军的曹操接探马报告，孙权率领十万大军正经裕溪河入巢湖向合肥挺进。曹操知道，此时的合肥仅有张辽、乐进、李典三员大将，各部加上守卫城池的州兵不足万人，一万对十万，兵力如此悬殊，如何破敌？曹操思考一番后，书写密令一封，派护军薛悌快马星夜兼程赶往合肥。

这日，温恢、蒋济、张辽、李典、乐进等将领正商讨如何破敌保卫合肥城时，接到了曹操的密令。密令写道：“若吴军到达，张将军可率李将军出城破敌，乐将军守卫城池。”

温恢知道，张辽是吕布的旧部，为曹操的降将，李典向来瞧不起张辽，而李典的伯父李乾更是为吕布手下所杀，因而担心李典不服张辽而不配合行动。岂料李典首先表态：“抗击孙权，这是国家大事，曼成怎么会因为私怨而不顾大局呢？”

李典的表态，让温恢、蒋济、乐进都放心了，同时也激发了张辽的斗志。张辽提出：趁吴军立足未稳，挑选八百精壮士兵，组成敢死队，由他领兵突袭孙权中军大营，打乱孙军部署，迫使孙权撤军。张辽的提议得到了乐进、温恢、蒋济的一致赞同。李典也激动了，请求率部参与敢死队，与张辽同仇敌忾，一起破敌立功，被张辽婉拒。

当天夜里，蒋济安排合肥县令宰牛杀鸡，让八百名勇士饱餐痛饮一顿。

午夜时分，在李典率部“声东击西”的策应下，张辽率领八百名勇士冲破吴军城外层层防卫，杀出一条血路，直奔设立在逍遥津渡口旁一片高地上的孙权营帐。

睡梦中的孙权被这突如其来的敌情吓蒙了，一时不知所措，幸得大将吕蒙、甘宁、凌统及时赶到，保护孙权仓皇而逃，才保住性命。

张辽的突袭，彻底打乱了孙权的军事部署。看着军心涣散溃不成军的部队，孙权只好下令撤军。

张辽率领的八百名勇士逍遥津一战，成为中国古代战史上以少胜多的典范。李典也由此一战成名，成为曹军名将。

天有不测风云，人有旦夕祸福。就在逍遥津大捷后的第二年，李典暴病而亡，时年三十六岁。曹操接报，伤心落泪。

李将军英年早逝的噩耗传到李陵山下，百姓们感恩李典帮助他们开垦荒地重建家园，如同丧失亲人一般痛哭流涕，派出代表前往合肥吊唁他们心目中的“好人将军”。

李典老家在山阳郡巨野，照例需将遗骸运回家乡安葬。为寄托对“好人将军”的哀思，李陵山下的百姓们请求乡长、亭长前往扬州府府衙，找到刺史温恢，留下李典的几件遗物安葬于李陵庙旁，供百姓们祭奠，同时也好让李将军的亡灵陪伴李氏祖先。

温恢答应了乡长、亭长的请求，将李典穿过的一套汉服、一双战靴，用过的一只马扎、一只酒樽及垦荒用过的一把锄头、一把铲子等遗物交乡长、亭长带回山里。

一个月后，百姓们于李陵庙旁修筑了一座很气派的衣冠冢，将李典的遗物放入坟墓中，并举行隆重的安葬仪式。

公元220年，曹丕代汉称帝后，追念李典在合肥之战中的功绩，追谥其为“愍侯”，表达了对其英年早逝的怜忧。

千古兴亡多少事，不尽长江滚滚流。禹、汤罪己，其兴也勃焉；桀、纣罪人，其亡也忽焉。

公元263年，魏国大军南下，蜀主刘禅投降，蜀国灭亡。

公元265年，司马炎称帝，国号晋，魏国灭亡。

公元280年，晋国大军南下，吴灭亡。

李陵山上的李陵庙也随着汉末、三国、晋、隋、唐的更替，战火风云而毁损破败，直至消失在无情的岁月中。

唐朝后，李陵山山顶上新建一座寺庙，因寺庙位于庐州府西南，唐皇钦赐匾额“西庐寺”。李陵山的山名也改为“紫蓬山”，寓意紫气东来，祥云西去。

一千八百多年过去了，那座李陵庙已经难觅踪影，李陵山这个地名也只是在史书中，老人们的口口相传中，而西庐寺下的李典衣冠冢,虽几经毁损几经修复依然存在,而今供登山的游客瞻仰、追忆曾经的魏国名将——李典。

魏文帝三征东吴

撰稿:姚传华

延康元年(220年)正月,曹操在洛阳病逝,太子曹丕继位做了丞相和魏王。随后,朝廷大臣们纷纷为曹丕取代汉廷摇旗呐喊劝进表彰。面对满朝文武官员对曹丕的吹捧,汉献帝刘协已经看到汉朝气数已尽,连下禅位诏书,让曹丕仿效虞舜,登上皇帝的宝座。对此,曹丕一边假意推辞,一边秘密策划替代刘协登基成为魏国皇帝。

经过精心准备,公元220年十月十三日,刘协将象征皇位的玺(xǐ)绶(shòu)诏册奉交曹丕,宣布退位。十月二十九日,曹丕下旨升坛受禅称帝,立国号为大魏,史称曹魏,改年号元黄初,定都洛阳。曹丕为魏文帝,尊父亲曹操为太祖武皇帝。十一月一日,曹丕封刘协为山阳公,允许他行使汉朝正朔和使用天子礼乐。至此,历时一百九十余年的东汉正式结束,三国时代的魏朝正式建立。

曹丕登基后,将扬州郡治所从合肥迁往寿春,辖淮南郡、庐江郡(北部)两郡。扬州刺史温恢调回朝廷任侍中,别驾蒋济调回朝廷出任东中郎,征东大将军曹休兼任扬州刺史。

曹丕在洛阳称帝。刘备于次年在成都称帝,国号汉,年号章五。

却说曹丕、刘备称帝的消息传到东吴,当时孙权手下的大臣们纷纷劝说孙权称帝。而孙权经过多日思考后,做出了一个令许多大臣不可理解的决定,派使臣前往魏都洛阳请求做魏国的藩属国。

对于孙权的决定,曹丕当然乐意接受,下旨册封孙权为吴王,授予印玺、绶带、册封文书、金虎符、左竹使符等物,任命孙权为大将军,使持节身份监督交州,兼任荆州牧,同时赏赐大量物品。孙权实现了假借曹丕之手,实现他立国称王,再称帝的夙愿。

不久,曹丕派使臣去东吴与孙权结盟立誓,并要孙权将儿子孙登送去魏国做人质。孙权以儿子年幼为由百般推辞不受。曹丕这才看出孙权的奸诈用意,但为时已晚,天下人皆已知晓孙权为吴王。

魏黄初三年(222 年)秋九月,曹丕亲率三十万大军第一次讨伐孙权。曹军以张辽、曹休、臧霸为东路军攻打江都(今江苏扬州),以曹仁父子、蒋济为中路军攻打濡须坞,以曹真、张郃、夏侯尚为西路军攻打江陵(今湖北荆州)。大军从洛阳出发前,曹丕颁发谕旨:“南征进军,以围江陵,多获舟船。斩首执俘,降者盈路，牛酒日至。”

却说孙权接探马报告，曹丕率领三十万大军前来征伐，令平南将军吕范[①]督徐盛、全琮等迎战曹休、张辽、臧霸所部；以朱桓为濡须督抗击曹仁、蒋济所部；以诸葛瑾、潘璋救援江陵，抗击曹真、夏侯尚所部。

守卫濡须坞的朱桓[②]接敌情报告后，坚守濡须坞，以五千兵力抗击曹仁、蒋济的十万大军。

大将军曹仁向吴军濡须坞发起攻击前，命蒋济领兵万人攻击羡溪（今安徽无为东北），以分散吴军注意力。朱桓果然中计，派出一支部队驰援羡溪。曹仁发现朱桓中计后，率大军直扑濡须坞。

朱桓知道中计后，下令坚守营垒不战，同时，派快马追回赶往羡溪的增援部队。曹军行动迅速，吴军赶往羡溪增援的部队还没被追回之时，曹仁父子率领的部队已经兵临坞外。

当时朱桓手下以及附近部署的部队仅五千人，诸将显得十分惧怕。朱桓开导他们：“曹军千里迢迢长途跋涉而来，人马疲倦困乏，我军据守高大的城墙，南面濒临大江，北面倚靠山陵，以逸待劳，以主制客，这正是百战百胜的战局。即使曹丕亲自前

① 吕范（？—228），字子衡，汝南郡细阳（今安徽太和）人。

② 朱桓（177—238），字休穆，吴郡吴县（今江苏苏州）人，三国时期吴国名将。

来，也不用忧虑，何况只是曹仁、蒋济、曹泰之辈呢！”吴军将士们听了朱桓的开导，鼓足了勇气不再惧怕。

朱桓下令，营垒偃旗息鼓，引诱曹仁来攻。曹仁自恃兵力强大，果然派儿子曹泰向濡须坞发起攻击，扎营濡须河岸，同时，派遣将军常雕督领诸葛虔、王双等人，乘坐油船另外袭击朱桓部众妻子儿女所在的江中的沙洲岛，曹仁自率一万人留在橐皋，作为曹泰的后援。蒋济对曹仁的做法提出了反对意见，认为吴军占据西岸，将战船列于上游，如果分兵进攻位于下游的沙洲岛，无异于自取败亡。但是，曹仁没有听从蒋济的良言，自恃兵多，坚持己见。

却说朱桓亲率一队战船趁夜色从船坞冲出，放火焚烧了曹泰营寨。曹泰见营寨被吴军焚毁，只好率部撤退，返回橐皋，向父亲复命。就在曹泰败退后，深入吴军后方的常雕等人进退两难，朱桓与前来增援的严圭、骆统所部共击常雕、诸葛虔等部，斩杀常雕、诸葛虔，生擒王双，押送武昌。常雕的五千人全军覆没，仅临阵斩杀或溺死的就有一千余人，剩下的三千余人都被吴军俘获。曹仁因为没有听从蒋济的正确意见而招致惨败，堂堂的曹军大将竟然败在后生小辈手下。

中路军惨败，东路、西路大军虽然取得一些胜利，但两军陷入僵持。不久，疫疾开始在曹军中流行，加之孙权派使臣前来言和，曹丕下令撤军，第一次南征无功而返。

黄初五年(224 年)，面对曹魏强大兵力给孙吴造成的威胁，孙权派使臣秘密前往成都，意欲再次联合蜀军抗击魏军。孙权的这一秘密行动被魏国奸细获悉报告给了曹丕。曹丕接报后大为震怒，亲率水陆两师经广陵（今江苏扬州）进入长江。孙权获悉曹丕率领大军前来讨伐，派兵沿江防守。曹丕信心满满，意图一举打过长江去，不料遇秋汛，江水陡涨，江面波涛汹涌、白浪滔天，船队无法过江，甚至连曹丕乘坐的巨大龙舟也险些被江浪掀翻，曹丕只好下令大军撤回。

黄初六年（225 年），曹丕决定第三次征讨东吴。此次行动，曹丕集结水师十万，战船千艘从洛阳出发，五月到达谯县，八月入淮河，十月到达广陵旧城。曹丕为鼓舞士气，在江边举行了一次阅兵，史书记载曹兵“兵有十万，旌旗弥数百里”，可谓声势浩大，气势吓人。曹丕虽有“渡江之志”，天公却不作美，一场寒流突降，河流结冰，魏军战船无法进入长江，全部被冰冻困在河中。曹丕看着近在咫尺的滔滔长江，感叹道：“固天所以隔南北也！”第三次南征，也是曹丕最后一次南征宣告结束。

黄初七年（226 年），曹丕在洛阳病逝，时年四十岁，儿子曹叡继位，改年号景初，是为魏明帝。

曹植的八斗恋情

撰稿：姚传华

建安十四年（209 年），曹植随父及哥哥曹丕、曹彰南征东吴，屯军合肥。曹植作为粮饷督导官，率领所部驻扎在合肥城北一个古称鱼山的地方（今安徽肥东八斗）。

十七岁的曹植正值情窦初开之年，这个饱读诗书的书呆子在每日完成军粮马草运送任务之余，心里却一直思念着一个他不该思念的女人。这个女人就是哥哥曹丕的夫人，他的嫂子甄宓[①]（mì）。说起甄宓这个女人，还有段故事呢！

建安四年（199 年）六月，汉末军阀袁绍挑选精兵十万、战马万匹，南下进攻东汉都城许都（今河南许昌）。曹操为保卫都城，被迫集中所有曹军准备应战。

建安五年（200 年）九月，袁、曹两军经过一番交战后，于官

① 甄宓（183—221），中山郡无极县（今河北无极）人，上蔡令甄逸之女，美貌绝伦，有“南有双乔（大乔小乔），北有甄氏”之美誉。

渡(今河南中牟东北)形成对峙,一场决战拉开序幕。曹军奇袭袁军位于乌巢的粮仓(今河南封丘西),继而趁被袁军打乱之际集中精兵击溃袁军主力。此战役的胜利,奠定了曹操统一中国北方的基础。

官渡之战,是东汉末年三大战役之一,也是中国古代历史上以少胜多,以弱胜强的经典战役之一。

建安七年(202 年)袁绍病死,其子袁谭为争夺权势与胞弟袁尚火并。曹操得知消息后,认为全面收复北方的机会来了。公元 203 年末,曹操率大军渡过黄河,迅即将邺城包围,此时,袁尚、袁谭才从内斗中醒过来,但为时已晚。袁尚部将苏由见袁家气数已尽,竟然充当内奸,打开城门迎接曹军。

曹丕率部攻入袁府,袁绍的妻子刘氏,袁绍次子——时任幽州刺史的袁熙及妻子甄宓等袁家老小数十人悉数被俘。曹丕下令部下,将袁家老幼全部监禁在府中,不许任何人进出。

当袁绍的妻子在媳妇甄宓的搀扶下走出卧房时,曹丕顿时被甄宓的姿容给惊呆了！当天晚上,曹丕便瞒着父亲,偷偷摸摸进入袁府,进入甄宓的房间占有了她。

甄氏三岁丧父,建安中期,袁绍为次子袁熙纳之为妻。建安四年袁熙出任幽州刺史,甄氏留在冀州侍奉婆婆刘氏,不久迁往邺城。

曹军攻下邺城后,曹植跟随母亲卞氏从徐州迁移来邺城居住,那时,曹植刚十二岁。甄宓作为曹军俘虏,更作为曹丕喜欢的女人，被接来同母亲卞氏及哥哥、弟弟、妹妹们在一起生活。甄宓姿色绝伦，而且温顺聪慧，诗词歌赋、琴棋书画，样样精通。曹植也是才高八斗出口成章的曹家大才子，不几天，曹植便喜欢上了比他大九岁的宓姐。

没有不透风的墙，曹丕霸占袁熙妻子的事很快被曹操知晓。曹操为顾及本人及曹氏家族体面，意图阻止这门不伦不类的婚姻。无奈，曹丕已经迷恋上了袁家媳妇，执意要娶甄宓为妻，曹操无法劝阻儿子，只能答应了这门婚姻。

建安九年（204 年）冬天，甄宓给曹丕生下了儿子，曹操为这个孙子取名曹叡，便是日后魏国的魏明帝。

却说喜欢的宓姐成为哥哥老婆后，曹植改口叫嫂子了，此时的曹植却莫名其妙地更加喜欢甄宓了。

建安十四年七月，刚刚经历赤壁惨败的曹操决定南征，十七岁的曹植作为粮饷督办，与哥哥曹丕、曹彰一起率部南征吴国。出发前曹植与母亲告别后，不忘去看望甄宓嫂子。作为嫂子，甄宓叮嘱小叔子，要想日后获得朝廷的封赏，就要向两个哥哥学习，在战场上英勇杀敌，立下战功。曹植牢记嫂子的叮嘱。

大军从邺城出发经涡河入淮河转淝河，一个月后抵达合肥。曹植率领一屯（一百名士兵）驻扎在合肥东北的鱼山，建起一座囤积军粮、马草的仓库，负责给前线各路大军运送军粮马草。

这天，曹植押运一批军粮送往前线，返回粮仓时，忽听离粮仓不远的一处村落传来悠扬凄婉的筝的弹奏声，精通乐谱也会弹奏筝的曹植，很快听出这是著名的《汉宫秋月》。乐曲表现出皇宫中宫女被压迫，受欺凌，没有自由，没有爱情的悲惨生活，唤起人们对她们不幸人生的同情。曹植意识到抚筝人和他一样，一定也遭受了情感的失意，顿时有了同病相怜之感。

回到粮仓后，曹植命侍卫将这儿的乡侯（今乡长）请来，打探弹奏筝的是什么样的人。谢乡侯告诉曹植，抚筝的人是莫家村莫财主家的千金，名叫莫莉，年方十六，容貌如同她的名字一样，高洁、清纯、幽香。不仅人长得花容月貌，诗词歌赋、琴棋书画、刺绣女红，样样精通。这几年，周边大户人家纷纷托媒婆前来提亲，莫财主了解情况后，觉着都配不上自己的女儿，都给回绝了，对外扬言，一定要给女儿找一位才貌般配的如意郎君。

听了谢乡侯的介绍，这位多情善感的少年越发爱慕这个名叫莫莉的姑娘。而谢乡侯似乎也揣摩出了曹植的心思，第二天，便让莫财主带领宝贝女儿莫莉抱筝前来曹植营帐，当面弹奏乐曲给曹公子听。曹植满心欢喜。

曹植请莫莉抬起头来，但见姑娘鹅蛋脸，柳叶眉，高挺的鼻梁下，配着一张樱桃般的小嘴，恰如谢乡侯介绍的那样，是一位高洁、清纯、美丽的姑娘。看到姑娘这张脸，曹植立即想到了嫂子，仿佛这姑娘除了穿着，简直就是他朝思暮想的甄宓姐姐的化身。

莫莉也是平生第一次见到如此品貌非凡、英俊洒脱的美少年。

摆上筝，莫莉姑娘席地而坐，一双秀目顾盼曹植一眼，嫣然一笑，红脸低头，细长的手指抚动起琴弦。只见莫莉的手指在琴弦上划动变换，旋律时快时慢，声调时高时低，琴声时而激昂，时而婉转悠长，犹如高山之巅，云雾缭绕，飘忽不定。曹植听得热血激荡，心旷神怡。而莫莉姑娘一曲《高山流水》弹奏完毕，已是香汗淋漓，汗湿衣裙。见此情形，多情少年怜香惜玉的心情让他忘记男女有别，忘记彼此地位尊卑，递上一块洁白丝帕让莫莉姑娘擦拭汗水。

从此以后，曹植一忙完接运粮草公务，就会让侍卫去村里请莫莉姑娘前来弹奏一曲。美好的时光总是那么短暂，赤壁惨败后，曹操完成向孙吴展示曹军实力、剿匪、考察郡县官吏、勘验修筑沟通淝水与淮河水道工程等任务后，大军班师返回。

离开粮仓的那天，曹植在谢乡侯的陪同下前往莫财主家，向莫财主和莫莉姑娘告别，感谢驻扎在鱼山的这些天，莫莉姑娘优美的琴声伴随他度过一段快乐的时光。曹植告诉莫莉，鱼山是个美丽的地方，环境美，人更美，他还会再来的！

建安十六年(211 年)，曹植随同父亲西征关中军阀马超、韩遂得胜返回。因西征有功，曹植被朝廷封为临淄侯。不久，曹植作为粮饷督导官随同父亲第二次南征，还是屯扎鱼山。

已经十九岁的曹植，情感上比两年前变得成熟多了，终于想明白了他与甄宓之间不会有任何结果，只能表明自己的愚蠢和幼稚，决定将感情转移至莫莉姑娘身上。跟上次一样，忙完给前线的各部队运送军粮、草料等军用物资之后，他便让侍卫将莫莉姑娘请来营帐，不仅听莫莉弹奏筝，还与她切磋琴艺音律及诗词歌赋，俨然成了一对恋人。

莫财主看到女儿遇到如此多才多艺、英俊潇洒的曹官人，满心欢喜，可自己又不好主动提出这门亲事，只能托谢乡侯表达莫家愿把女儿许配给曹官人。

这天，曹植带领车队给前线部队运送军粮返回粮仓，谢乡侯便向他转达了莫财主的意思和莫莉姑娘对他的爱意。曹植听后很是激动，可他也知道，父母之命媒妁之言，这是自西周春秋时便确立的婚姻礼仪，任何人不可逾越。但对莫姑娘与日俱增的感情，让他无法拒绝这桩美好的姻缘。曹植让谢乡侯转告莫财主，待此次完成南征任务，返回邺城后便请示母亲，若母亲应允，便正式派人前来提亲。

却说，此次南征曹军受阻于濡须坞，虽然水陆水师各有交战，但曹军始终攻不下吴军关隘。两军僵持了几个月后，孙权给曹操送来求和书，曹操下令撤军。曹植率领所部，跟随大军北撤返回邺城。离开鱼山前，曹植送给莫莉一枚玉佩作为定情信物，告诉莫莉，他还会再来鱼山。

大军返回邺城后，曹植向母亲讲述莫莉姑娘的美丽和才艺，说出欲娶莫莉为妻的想法。

卞氏听说儿子竟然看上一名村妇很不高兴，虽然她也是倡优（古代歌女）出身，但她不希望自己的儿子娶一个门不当户不对的村姑做妻子,而且,这个村姑或许以后还会成为继承魏王之位的王后,岂能应允?卞氏断然拒绝儿子的请求。

建安十七年(212年)十月,曹操再次率部南征,曹植随行。曹植已经是临淄侯,没有再担任粮饷督导官,而是跟随父亲扎营居巢。曹植没有忘记离开鱼山时给莫莉的许诺,趁父亲在前线视察部队,带上侍卫快马赶往鱼山,通过谢乡侯转告莫财主,家母不同意这门婚事,并说出他是曹丞相曹操的三公子,母命不可违,希望莫财主和莫莉姑娘能理解。

莫财主得到这一不幸消息后,为了已经痴迷的女儿不至于陷入绝望,隐瞒了曹植来过鱼山的信息。

时间一天天地过去,转眼到了延康元年(220年),曹操病逝洛阳,作为世子的曹丕从邺城赶来洛阳继承丞相、魏王职位。不久,逼迫汉献帝刘协禅让帝位,曹丕篡汉为帝。

鉴于妻子甄氏与胞弟曹植存续多年的叔嫂之间割不断的情谊,曹丕登基的第二年,便遣使前往邺城将甄宓赐死,葬于邺城。曹植也被贬爵和徙封(古时候官员被改变封地),情绪低落的曹植想到了莫莉姑娘。

他带上随从,驾上马车从洛阳赶往鱼山。到了鱼山后,曹植迫不及待地前往莫家村拜见莫财主,到了村子才知道,莫莉姑娘苦苦等待心上人八年后,忧伤而死,死后家人发现莫姑娘手中攥着曹植赠送给她的那条白丝帕及那枚玉佩。

听了莫财主的讲述,曹植感动流泪,前往鱼山莫莉墓地凭吊，哀叹天下有情人为何不能成为眷属。返回洛阳后，为凭吊莫莉姑娘，他写下了著名的《洛神赋》。诗中描写了一位美丽多情的女神，把她作为自己美好理想的象征，寄托自己对美好理想的向往和热爱；诗中还虚构了向洛神求爱的故事，寄托他对爱情的美好追求，表现出诗人对理想爱情追求破灭的痛苦与绝望。

太和六年（232 年），曹植改封陈王，十一月，曹植在忧伤与绝望中于陈郡病逝，时年四十一岁。临终前曹植留下遗嘱，葬于东阿鱼山，部分衣冠送去合肥鱼山安葬，陪伴莫莉姑娘。

今天，这座曹植的衣冠冢古坟，位于八斗镇南侧一片树林里，有"王子建之墓"墓碑为证。而八斗岭的名字由来，与东晋和南北朝时期的诗人、佛学家、旅行家谢灵运有关。一次，谢灵运旅行至此拜谒曹植墓时，仰慕曹植才华，感叹道："天下才有一石（古代量器），曹子建独占八斗，我得一斗，天下共分一斗。"从此，"八斗"这个名字便叫开了。

史话造甲甸

撰稿：严太高

在长丰县现有的十四个乡镇中，有一个乡的名字很特别："造甲乡"。一听这个名字，便会想到这个地方是否与古代军队使用的铠甲、兵器有关。的确，一千八百多年前，魏、蜀、吴三国鼎立时期，这儿便是曹军设立在江淮之间的一处制造铠甲、兵器的基地。这处基地伴随曹魏政权的建立而建立，衰亡而衰亡。三国鼎立时期，这处基地为抗击孙吴军队、保卫边城合肥发挥了积极的作用。

说起这个地方，还有一段精彩的故事呢！

却说曹操与卞氏所生的第二子，取名曹彰，字子文，在曹家排行老三（老大曹昂乃刘氏所生，197 年战死）。曹彰与哥哥曹丕、弟弟曹植不同，自幼不喜习文，喜好射箭、驾车，膂力过人，徒手能与猛兽格斗。他还喜欢研究铠甲、兵器。

一日，曹操召集儿子们询问他们各自的志向。曹彰首先向父亲表白道："彰不喜文，好为将。"曹操听后很是高兴，因曹彰少年时下颌便长出浓密的黄色胡须，曹操便称曹彰"黄须儿"。

从此以后，曹操除了寻找武艺高强的师父教曹彰习武外，还安排谋士向曹彰讲述商代、战国、秦代的各种铠甲、兵器，曹彰受益匪浅。

十五岁后，曹彰便跟随父亲征战沙场，小小年纪时常披挂上阵，杀得敌人落花流水，深得曹操喜爱。

建安十四年，在赤壁遭遇惨败的曹操率领二十万大军，携曹丕、曹彰、曹植三兄弟首次南征，驻军合肥。此次军事行动，意在向孙吴展示经历赤壁战败后曹军的实力，慰问、抚恤前线将士，部署边城合肥防务及考察郡县官员。

大军进抵合肥后，曹操携儿子曹丕、谋士荀彧、侍卫长许褚等驻扎合肥城。曹彰率所部于合肥城北江淮分水岭的一处叫田岗的荒坡安营扎寨，练兵备战。

却说曹彰作为一名尚武之人，常年跟随父亲征战南北，始终不忘对铠甲及兵器的思考、研究，也画了一些有关新式铠甲的草图，记录下自己的一点想法。在田岗安营扎寨后，练兵之余，曹彰想：若把自己画出的新式铠甲草图及想法变成现实，制造出既轻便又坚固，刀箭穿刺不透的新式铠甲，那该多好！但他知道，凭自己的这点小聪明，实现不了这个宏愿，非请曹植帮忙不可。

铠甲相传是夏朝第七位君王姒（sì）杼（zhù）发明的。秦朝时的铠甲主要用皮革制作而成，虽然轻便，但抗穿刺性很差。春秋战国时期，锋利的铜铁兵器用于实战，这促使防护装具发生变革,作为外防护层的铜铁铠甲鳞片开始出现,但非常笨重。进入汉代后,虽经改造,但还是很笨重。

曹彰亲书信札一封,派侍卫前往在离田岗不远的鱼山扎营的曹家才子曹植前来帮忙。

却说曹植接到三哥派侍卫送来的信札,知晓了三哥请他去共同研制新式铠甲。对铠甲、兵器也有所研究的他,带上侍卫跨上快马赶往田岗。曹彰得知才子弟弟请来了,亲自出营门迎接。接到曹植,引入营帐,兄弟俩围几促膝而谈。

曹植有意询问曹彰道:“三哥,曹家兄弟中文武全才的当数二哥子桓(huán),为何不去合肥找他?”

曹彰笑道:“二哥整天跟在父亲后面,忙着军国大事,哪有闲心管我这等小事?你我一个老三一个老四,从小在一起玩大,还是我俩关系好!这件事三哥就交给你了。”说完,把自己画的十几张不成样子的新式铠甲草图,及记在纸上的一些如何制作出既坚固又轻便的铠甲的想法都交给了曹植。

曹植知道哥哥的脾气,若拒绝了他,让他动起怒来,少不了要挨上几拳,到头来,任务还得接受。与其吃罚酒,不如吃敬酒。想到这些,曹植拿过图纸稍加浏览后,告诉曹彰七天后派人送来图纸。

曹植返回营地后,根据曹彰提供的草图,结合自己对铠甲的研究,重新设计了铠甲。他将过去用牛皮做铠甲底层改变为较薄的马皮,使得铠甲减轻重量,变得柔软;对镶嵌在皮革外层的铜铁鳞片厚度、尺寸重新设计，采用桐油淬(cuì)火工艺，使得降低厚度的鳞片反而比以前厚重的鳞片更加坚固。而后，再将经过淬火处置的鳞片打磨，涂上漆树汁熬制的油漆。经过如此处理的鳞片不仅光亮，而且不会生锈。

七天后，曹植不仅派人送来了包括鳞片尺寸、厚度的图纸，淬火、磨光、油漆全套制作工艺的介绍，还为三套新式铠甲分别取名“黑光铠”“光亮铠”“两当铠”。

看完图纸和详细的制作工艺介绍，曹彰不得不佩服书呆子超人的智慧。

为了让兄弟俩联手设计出的新式铠甲尽快制造出来，送去合肥让父亲检验，而后，设立作坊大批量制作装备部队，曹彰让侍卫找来当地的乡长、亭长下达任务，收集制作铠甲的材料送来军营，招募当地手艺好的铁匠、铜匠、油漆匠、皮匠，集中到田岗赶制新式铠甲。

丞相公子下令，乡长和几位亭长岂敢怠慢？他们送来铜铁、皮革、油漆、黑金（煤炭）、桐油等制作铠甲的材料，十几名能工巧匠也随之招募而来。

搭起简易草棚，支起火炉，摆上砧铁，架上风箱，铺开硝好的马皮，调制好油漆，穿上针线，将鳞片淬火，打磨油漆……一个多种工匠共同合作制作铠甲的作坊开张了。

十几天后，黑光、光亮、两当三件新式铠甲制作完成。曹彰看着漆黑光亮、轻便坚固的铠，十分高兴，遂将三件铠甲都试穿了一下,感觉比过去穿戴的笨重铠甲轻便多了。接着,他脱下铠甲,放至地上,挥动他的锋利无比的方天画戟用力猛刺,结果铠甲上的鳞片丝毫无损。梦寐以求的新式铠甲制作成功了!

次日,曹彰带上三套铠甲,带领侍卫骑上快马赶往合肥,向父亲报喜。

却说曹操正在营帐中批阅各郡报送来的公文,曹丕报告,子文求见,曹操吩咐领他入帐。

曹操一眼看到曹彰手里捧着的黑光铮亮的几套新式样的铠甲,似乎已经明白了什么。他知道这些年里,他的这个武将儿子一直琢磨铠甲和兵器。他也曾向曹彰交代,检验一套新式铠甲的优劣,标准只有两个:一个是重量要尽可能轻,而且穿脱方便;另一个是抗击刀箭的穿刺力要强,具备刀箭不入的坚固。

曹彰向父亲介绍这三套铠甲的制作过程后,一件一件铺开,向父亲、哥哥、许褚和荀彧等将领展示。曹操粗略观看后,吩咐许褚快去找来一杆秤。

很快,许褚扛来一杆木秤,曹操接过秤,亲自将三套铠甲分别称了一下,吩咐许褚将他出征时穿戴的铠甲取来,再称了一下,两套铠甲重量竟然相差十斤之多。接着,曹操又吩咐许褚取来他的倚天宝剑。曹操接过宝剑,一次又一次用力砍向新式铠甲,只见鳞片火星四溅,却丝毫无损。这一幕,把许褚、曹丕及荀彧等将领都惊呆了,他们纷纷向曹彰竖起大拇指,夸奖三公子不起。

曹彰告诉父亲，设计出这三套新式铠甲的人不是他，是四弟子建。

曹彰话音刚落，曹丕便向曹操道："父亲，子建只会吟诗诵词，作画抚琴，手无缚鸡之力，如何能设计出此等非凡兵器？"

曹彰反驳曹丕道："这三套新式铠甲，确实是子建用七天时间设计而成，交给我招募匠人依图制造出来的，二哥若不信，可以询问子建。"接着把兄弟俩联合研制这三套新式铠甲的经过说了一遍。

曹操明白曹丕话中之意，曹丕为了争夺"世子"之位，总是处处压制、贬低曹植。他捋了捋花白的胡须，哈哈一笑道："子建也好，子文也罢，都是我的儿子，他们共同设计制作出这三套轻便坚固的新式铠甲，那是我曹军大幸！曹军有这样的神器，何愁战胜不了孙刘？"

荀彧等将领建议于合肥设立制作新式铠甲的作坊，从北方调运铜铁、皮革，下令各郡县招募能工巧匠前来合肥，成批制作三种新式铠甲装备部队。

曹操不赞同他们的建议，他对众人道："孙仲谋野心勃勃，图谋合肥已久，新式铠甲作坊不可设立在合肥。"

曹彰向父亲建议道："父亲，既然这样，不如把制作新式铠甲的作坊放到子文的营地，那儿离合肥城较远，比较安全。这样，子文也好及时指导，监督工匠们打造好每一套铠甲。"

曹操铺开一张地图，稍加浏览后，对众人道："田岗地处江淮分水岭岗垄，距合肥城池百里，且无可行船的河流通达，吴军水师无法偷袭，作坊就放在田岗。”

不久，向合肥城北田岗运送制作铠甲的铜铁、皮革、煤炭，及各郡县招募能工巧匠的官文以汉廷谕旨下发。一时间，这块江淮分水岭的荒岗野岭上，战旗猎猎，作坊座座，戒备森严，冶炼铜铁的锅炉烟囱林立，叮当作响的砧（zhēn）铁声，呼哧呼哧的风箱声，战马的嘶鸣声，北方运送来的铜铁、皮革、煤炭堆积成山，方圆七八里范围内都是制造铠甲的作坊，这儿成为曹军在江淮之间设立的规模宏大的兵器制造基地。

几个月后，第一批几百套新式铠甲制作出来，曹操下令全部配备给曹彰部队。

不久，大军北撤，曹操下令留下张辽、李典、乐进三支部队屯扎合肥，其余部队全部撤离合肥，田岗铠甲制作坊交扬州府兵曹从事接管。

没有不垮的江山，没有不倒的城墙。田岗，这处曾繁荣一时的兵器制造基地，随着曹魏政权的覆灭而被废弃。后人为了纪念这处曾辉煌几十年的兵器制作基地，取名“造甲甸”。

斗转星移，世事变迁，魏蜀吴三分天下的格局，最终归晋而灰飞烟灭，退出历史舞台。秦皇汉武，唐宗宋祖。千古兴亡多少事，繁华一梦转头空。

1949 年 10 月 1 日，中华人民共和国宣告成立，中国进入新的纪元。1958 年，肥东县造甲人民公社成立。1965 年 3 月成立长丰县，造甲人民公社划归长丰县管辖。1983 年，造甲人民公社改乡。1992 年陈刘乡并入，仍叫造甲乡，意在传承长丰厚重的三国历史，让这儿的人们记住这片土地上曾经发生过的精彩而又厚重的历史故事。

郑 像 取 义

撰稿:王守一

嘉平五年(253 年)二月,吴太傅诸葛恪(kè)取得东兴之战胜利后,恃功轻敌,不顾群臣劝阻,再次兴师攻魏,围攻合肥新城(今合肥三国遗址公园)。十万吴军把不足四百亩(今亩制)大的新城围得如铁桶一般,不到四千人的城内守军被打得还有不到三千人。六十多天的围城,使得城内的各种物资都告枯竭。

这天傍晚,残阳如血。刚打退一次吴军猛烈的攻城,各个营区开始清点人数,处置伤员,开火造饭。伍长郑像一边等着开饭,一边睡在草地上,仰望天上那一轮明月。这月亮如此皎洁,此时,不知道远在寿州城的新婚妻子是否也在这轮明月下思念他呢?

郑像是曹军刚征召的新兵,就在征召前他刚刚完婚。父母原来是想抓紧让郑像完婚,待一年后添丁进口就让儿子奔赴疆场,建功立业。可偏在这个时候,吴军突然进犯,曹军大部队远在西蜀,只有“扫市充兵”,壮大守军。郑像不得不提前参军,开赴前线，守卫边城合肥。

能在战火纷飞的时候遐想远方的妻子，这是一件非常美妙的事情。郑像痴痴地望着远方。

“郑像，郑像，将军叫你。”郑像的同乡好友张乐急急忙忙地边跑边说。

“将军叫我？”郑像急忙收回绵绵思绪。

“是的。将军叫你帐前听令。”张乐说的将军就是新城守将张特①。郑像立即起身，收拾好衣装，快步向大帐走去。

将军的大帐设在新城偏南的城中心，左边不远处是点将台，点将台背后是正西门；右边是正东门，又叫“死门”。此时，张特正在帐内焦急地踱步。原是叫他守城五十天，援兵就到，可现在已经守城六十多天了，粮草和滚木礌石都快用完了，而敌人的攻势越来越猛，再不及时补充，就有破城的危险。此时，只有把城内的情况及时向元帅报告，争取早日增援，才能击退进犯新城之敌，保住新城。

“报告，士兵郑像奉命报到。”

“进来。”张特忙收起焦急的情绪，恢复往日的沉稳。他抬眼看着眼前的小伙子，仔细端详他的眼神，从小伙子坚定的目光中感到一股英气。读书人就是不一样，张特心里不由得赞叹。

---

① 张特（生卒年不详），字子产，涿（zhuō）郡（今河北涿县）人，三国时期曹魏将领。

“郑像,你怕死吗?”张特端详郑像良久,这句话脱口而出。

“怕,我家有年迈的老人,有新婚的妻子,我饱读诗书,立志像曹丞相一样,成为治世之能臣。”郑像沉默了一会儿,用低沉的语调答道。

“可是,郑像,我今天要叫你独自一人出城送信。这封信关系到新城的安危、城中数千人的性命。若是不成功,你知道意味着什么吗?”张特说完这句话,长久地陷入了沉默。

郑像知道,吴军三步一岗,五步一哨,将新城围得密不透风,很难突出城去。若是送信失败,就意味着死。就在前不久,他的同窗好友刘整就是这个下场。吴军截获刘整后,逼刘整投降,说出城内兵力和粮草情况,刘整视死如归,没有吐露半个字,被吴军杀害了。想到这里,郑像鼻子一酸,两行泪水夺眶而出。

“怎么,你真的不怕死吗?”张特习惯性地握了握腰间的宝剑。

“不怕!”郑像忽然瞪圆了眼睛,厉声说道,“大丈夫修身齐家治国平天下,岂能苟且?信什么时候送?将军您就下命令吧。”

听了这话,张特用舌头舔了舔嘴唇,咽了口唾沫,说道:“今晚半夜时分。一人一马,从死门出,直奔寿州城。”

“得令。”说完,郑像单膝跪拜后,退出大帐。

回到营地,郑像叫来同乡好友张乐,把自己的个人物品交给他,嘱咐假如自己回不来,就把遗物交给自己的妻子。

是夜，四更天，这是哨兵一夜最为难熬的时间，即使是哨兵新换岗，也难抵困倦。新城东门，城上守军悄悄放下吊桥，城门也闪开一条缝，郑像跨出城门，牵马坠镫，翻身上马，慢慢过桥。尽管马蹄声很轻，但在万籁俱寂的夜里，还是有不小的声音。等吴军哨兵反应过来，看到郑像一人一马，知道是搬救兵的，立即高呼："不好了，有人出城。"说时迟，那时快，郑像几乎在吴国哨兵开口的同时，挥鞭策马。只见这匹马立即撒开四蹄，在吴军营地之间画了一个漂亮的弧线，绕过新城南缘，向西——曹军的大本营寿州飞奔而去。

霎时，吴营一片惊慌，有哨兵报与吴帅诸葛恪，也有人开始准备马匹，随时准备追赶。诸葛恪听到报告后非常镇静，他一边起身洗漱，一边安排士兵收拾穿戴，准备升帐。身边的将士不解，都疑惑地看着诸葛恪。诸葛恪的嘴角微微一翘，左右撇了一下，朗声说道："哼，他就是孙悟空，也逃不过本帅的手心。"

话音刚落，只听不远处传来杂乱的脚步声，不一会儿，几个吴军押着一个俘虏来到吴军帅帐。只见这个俘虏披头散发，满身污血，只有一张年轻的脸是惨白的，眼里射出一股寒光。

这人就是郑像。原来，正当他突出重围，快马加鞭的时候，却马失前蹄，一头栽下一个土坑。接着，就被五六个挠钩钩着衣服和血肉之躯动弹不得。

原来，诸葛恪为防止新城里的魏军通风报信搬救兵，在新城外围各个要口设下伏兵和陷阱，专门抓捕魏军信使。吴军眼看郑像跌进陷阱，立即出手，把他钩出来，然后五花大绑押进帅帐。

“帐下何人？见了本帅，还不跪下？”诸葛恪问道。

此时，郑像浑身剧痛，头上的血和汗混合在一起，沿着眼睑往下流。透过模糊的双眼，郑像看到帅案后边一个矮小而又臃(yōng)肿的人影，郑像的两条腿却站得更直。

押解的几个吴军见状，连忙用脚猛踹(chuài)郑像的腿弯，这时郑像膝盖着地，可是他的头昂得更高，宁死不屈。

“当兵为了吃粮。一个无名小卒，干吗这样死硬？若是你从实招来，我就会赏赐你。留在我这里，我给你个小官；想回家送你回家，即刻与家人团聚。”诸葛恪缓缓说道。

“呸！魏国威武，雄踞中原，富有四海，物阜民丰，百姓安居乐业。尔等偏安一隅(yú)，屡犯我境，民众有田不可种，有家不能回。我投笔从戎，誓杀吴狗，不幸落入敌手，夙(sù)愿难酬。士可杀不可辱，给个痛快吧。”郑像大义凛然。

“原来是读书人。不得无礼，松绑。”诸葛恪瞄了一下左右。早有士卒手起绳落。诸葛恪继续说道：“不是说我没有手段撬(qiào)开你的嘴，我完全可以让你七天七夜不睡觉，使你崩溃，那时就由不得你不说了。到时你就身败名裂，自取其辱。念及你是读书人，我只要你到城边，告诉你们守城的将士：大军已回洛阳，不来救援，不如趁早打开城门，免得生灵涂炭。如何？”

郑像边听边想：我这次临危受命搬救兵，全城都在等着我的好消息。我要是就这样死了，城里人不知道不是白等了吗？不如将计就计，等到了城边再见机行事。想到这里，郑像咽口唾沫，顿了顿说："你果真怜爱读书人？"

"那是。万般皆下品，唯有读书高。"诸葛恪答道。

"你果真放我回家？说话算数？"郑像满脸狐疑地问。

"本帅君子一言，驷马难追。"诸葛恪拍着胸脯道。

"好。那我就信你一回。你只要对我有礼，回头我会告诉你最想知道的。"郑像嘴角露出一丝不易察觉的笑意。

诸葛恪唤帐前士兵耳语了一番，便离开帅帐。

这时，天已大亮。新城一片死寂，城外的吴军生火造饭，几缕炊烟撩过新城残破的城门楼，向天空散去。郑像被吴军士兵押解着，向城边走去。不一会儿就到了城下。郑像抬眼望去，上边的每一个垛口都是那么熟悉，上边不仅有他的哨位，还有他不屈的战友。

守城的士兵这时已经发现城下有异动，正准备拉开弓弩，又惊奇地发现了自己的人被吴军紧紧控制。

"这不是郑像吗？"郑像循声望去，一眼见到同乡张乐，泪水扑簌簌(sù sù)地落了下来。郑像没有想到，昨晚对张乐的嘱托竟成为现实，年迈的父母、美丽的妻子今后将托付何人？

"乐子，你执更啊。我已经归顺诸葛大帅了，今后到江南过好日子去了。我的父母今后就托兄弟照看了，我的老婆就是你的老婆了。"郑像大声冲城楼喊着。

张乐是郑像的好弟兄，从小朝夕相处。深知郑像为人，他已经听出了郑像的弦外之音，意思待他死后，请我照顾他的父母，并把他的娇妻也托付给我。这是郑像在安排自己的后事。此时，张乐嗓子一哽，泪水夺眶而出。

“乐子，你听到了吗？”郑像的声音有些发紧。

张乐不知怎么回答，他清楚，一旦答应郑像的要求，郑像就会随时慷慨赴死的。但是此时此刻，又有什么办法营救郑像呢？

“张乐，你个没有良心的，听到了吗？”郑像显然有些急了，这是他死前最放不下的。

“郑像，我听到了。你就放心，放心。”这些话是从张乐喉咙眼儿挤出来的。这时城头上的人越聚越多，守城的副将乐方也出现在城头。听到张乐的回答后，郑像心中的一块石头落地了。

押解郑像的吴军有些不耐烦了，催促郑像道：“快讲，就说大军已返回洛阳，不如趁早投降。”

郑像好像并没有听见他们的话，顿了顿，朗声喊道：“将军和壮士们，魏王大军就在包围圈外，大家坚持啊！”话音刚落，押送军士立即用刀砍郑像的嘴。可是郑像仍然大声喊叫，直到被吴军砍死在城下。

“郑像，我要为你报仇！”张乐和战友们将愤怒的箭镞射向杀害郑像的吴军。城头下立刻多了几具尸体，护城河的水变得殷红。

短时的交战很快恢复了沉寂，双方都不敢轻举妄动。郑像的遗体和吴军的遗体相互交错，在晨光的辉映下仿佛是一组雕塑。战争就是这样血腥和残酷。

郑像的死，和死前用生命发出的信息，更加激发守城将士的决心和信心。又经过三十多天，围城百日的吴军终于铩羽而退，又遭到魏军驰援大将毌丘俭的追击，溃不成军。从此，吴军再也无力北犯。近半个世纪的魏吴之争就此画上了句号。

后来，魏皇曹芳发出诏书，褒（bāo）扬郑像，赞扬他不避刀枪，冲破重围，不幸被擒后，坚持节操，宣扬魏军大势，安定守城将士，并赏赐爵位，世袭罔（wǎng）替。

郑像英勇就义处，现在有塑像矗立，供游客瞻仰。

曲有误，周郎顾

撰稿：叶民主

东汉末年，扬州庐江郡舒县（今安徽庐江）住着一大户官宦人家，姓周名异。

周异幼时便能将《诗经》《尚书》《中庸（yōng）》《论语》等倒背如流。年轻时他便入朝为官，至灵帝朝，已官至京城洛阳令（相当于今天的市长）。然而，周异目睹朝廷中宦（huàn）官与外戚不断争权夺利，不顾朝纲和百姓死活，一气之下，辞官返乡。

一日，周异陪同夫人前往冶父寺拜佛求子。夫妇俩到了寺庙后，住持陪同周异登上山顶，眺望八百里巢湖美景，周夫人则在侍女的陪同下前往大殿烧香拜佛。周夫人来到观音菩萨前，拜了三拜，双手合在胸前，双目紧闭，小声说了几句，睁开眼睛又接连拜了三次。然后，她拿起竹筒摇了起来，摇了几下后掉下来一支竹签。一名和尚走上前来，接过竹签，稍加浏览后欣喜地对周夫人道："天地神灵三尺高，施主心意最牢靠；明年二月桃花开，流芳百世一果来。"

周夫人闻听和尚之言，激动不已，当即许愿："如果明年得子，一定年年观音会来冶父寺，每年青黄不接之际设粥棚赈济灾民。"

周夫人抽到的签果然灵验，十个月后，周府后院厢房传来一阵婴儿洪亮的哭声。一直守候在厢房外的周异合起双掌，口中念念有词："善哉！善哉！"

很快，接生婆抱出一个男婴，冲着周异道："恭喜周大人喜得二少公子！"

周异从接生婆怀中抱过襁褓，瞧见是一个俊美的男孩，喜出望外，下令大摆喜宴三日，以示庆贺。

孩子满月那天，周夫人抱着襁褓请周异给孩子取个名字。

周异想了一想，吟道："高下在心，川泽纳污（wū），山薮（sǒu）藏疾，瑾（jǐn）瑜（yú）匿瑕，国君含垢，天之道也。"他望着襁褓中颜如美玉的儿子，对妻子道，"瑜，美玉也，就叫周瑜，瑾亦是美玉之意，取字公瑾吧。"

光阴似箭，日月如梭。转眼之间，周瑜已是一位英俊少年。一日，春暖花开，周瑜与好友孙策结伴来到东坑（今汤池镇）游玩。寻得一家酒肆，点了几道下酒菜，要了两壶美酒，他便与孙策畅饮起来。酒过三巡，倏（shū）然间，周瑜听到一曲《高山流水》，动听悦耳，但发现弹奏的音律突然错了一个音符。

周瑜自语道："错了！错了！"对音律的执着，让他坐不住了，他对孙策道："仁兄，公瑾失陪片刻。"说完，起身朝琴声传来的方向走去。

《高山流水》是一首曲调优美的曲子,开始右手跨三个八度,表现山的庄严和水的清亮。曲中部右手如水般流畅,左手在低音位置的配合如山耸立其间。后半部用花指不断划奏出流水冲击高山的湍急。最后用泛音结尾,如水滴石般地柔和清脆。所谓"仁者乐山,智者乐水"。《高山流水》蕴含天地之浩远、山水之灵韵,伯牙鼓琴,志在高山,钟子期曰:"善哉,峨峨兮若泰山!"志在流水,钟子期曰:"善哉,洋洋兮若江河!"

原来,悠扬的琴声出自酒肆的花园。周瑜一进花园,便见两个妙龄美女正操琴弹奏乐曲,这两个女子正是大乔、小乔。他走上前去,也不客气,直接指出刚才弹奏的曲子错了一个音符。

"小哥哥也懂得《高山流水》?"小乔一见不知从什么地方钻出来一个俊美少年,小嘴一撇问周瑜道。

大乔见周瑜如此英俊潇洒,对音乐又如此精通,心便怦怦地跳了起来,脸颊发热。她先是一怔,过了一会儿,带着少女的羞涩,起身对周瑜道:"多谢公子赐教!敢问尊姓大名,日后,小女子也好多多求教。"

听大乔这么一说,周瑜这才从音乐中醒了过来,看着眼前的一对美人,惊诧道:"你们姐妹应该是潜水的大乔和小乔吧?"

小乔起身上前上下打量一下周瑜,不屑一顾道:"你管我们姐妹是谁呢?你会弹琴吗?"

不等周瑜表态,大乔便对周瑜道:"可否请贵公子抚琴一曲?”

周瑜白了尖嘴利舌的小乔一眼，摇摇头，坐到琴前，捋起宽袖席地而坐，拉开架势轻抚琴弦弹奏起来。

“好!”一曲弹完，只听花园外有人大声说道，周瑜和大乔、小乔都不由得抬头朝声音望去，原来是孙策一人饮酒乏味，便也跟着找了过来。“能弹出如此妙音，不是庐江周公瑾，还能有何人!”

周瑜停下双手，对孙策道:“伯符兄也来了!”

小乔惊诧的眼睛一会看看周瑜，一会看看孙策，喃喃自语道:“周公瑾，孙伯符!”

大乔向周瑜、孙策插手曲腿行礼道:“乔氏姐妹见到二位公子，真是三生有幸!”

小乔连忙插手曲腿行礼道:“对不起周公子，小乔这厢有礼!”

孙策道:“曲有误，周郎顾! 二位美女还不快拜音师，错过机会可就难寻了。”

大乔曲腿弯腰行礼道:“孙公子做证，乔氏姐妹今日便拜公瑾为师了。”小乔忙跟着姐姐礼拜周瑜为师。周瑜连忙抱拳还礼道:“使不得，使不得!”

孙策一笑道:“两个对拜，不如我四人相拜，如果明月不退，将来我和公瑾结拜兄弟，我们登天山，四人再拜月公如何?”

周瑜瞟一眼小乔，含笑道:“公瑾听伯符兄台的。”

大乔羞涩得转过身，掩面溜走，小乔却没有姐姐那样害羞，冲着孙策、周瑜道："两位哥哥说话可要算话，不许违约。"

孙策哈哈一笑道："男子汉大丈夫，一言既出，驷马难追！"

接着，孙策、周瑜请二乔上马，直奔庐江周府而去。

次日，吃过早饭，周瑜领着周夫人、孙夫人、孙策、大乔和小乔等来到黄陂湖。此时，一艘官家大船早已在此等候，大乔、小乔搀扶周夫人、孙夫人一起登上大船，家丁划动船桨大船向黄陂湖湖心划去。

为了给大家助兴，周瑜吟诗道："浪翻叶色千层碧，波映花光一片红。"众人鼓掌，夸奖好诗。

孙策眺望黄陂湖，跟着吟诗道："十里莲花百里香，平湖清澈漾波光；移舟更向花深处，碧波莲池六月凉。"

哥哥吟诵完毕后，孙权对大乔道："请大乔小姐也吟诵一首如何！"在众人的鼓掌下，大乔红着脸吟诵道："一缕阳光一湖香，涟漪波浪冲心芳；庐江锦绣多山色，神州大地显明光。"

众人掌声中，小乔自告奋勇，吟诵道："一舟泛起千层浪，碧波花香一片洋。"又是一阵掌声。

孙夫人边鼓掌边对周夫人道："听伯符、仲谋说，二公子琴艺了得，不如请二公子弹奏一首给大家伙助兴如何？"周夫人用征询的语气看了一下周瑜，周瑜朝母亲一笑道："既然孙夫人吩咐，那公瑾献丑一曲《阳春白雪》。"说着，命家丁搬来琴，弹奏起来。

周瑜一曲弹完，大乔便抚琴弹了一曲《春江花月夜》。小乔也跟着凑热闹弹奏了一曲《梅花三弄》。

不知不觉中，众人在黄陂湖游玩了一天，眼见夕阳西下，月上湖滨，孙夫人对众人道："玩了一天，我们也该回府了。"

周夫人道："好！改日带你看凤台秋月，到时黄陂湖的月色，又是另一番景象。"

却说，孙夫人身在周府心却悬在荆州，前不久接到丈夫孙坚家书说他奉袁术之命出兵荆州，攻打刘表。自此，孙夫人担心丈夫安危茶饭不香，夜不能寐，时常从梦中惊醒，吓得一身冷汗。这次夫君出兵，她总是心神不宁，几次在梦中梦到一身血迹的丈夫，嘱咐她好好抚养孙策、孙权。

一日，孙夫人又从梦中惊醒，她叫用人喊来孙策，对他道："娘这几日右眼皮一直在跳。你父亲在前方，可有消息？"

孙策对母亲道："公瑾已经派几路家丁去打听，还没有回来。"

孙夫人道："我心里一直不安，如果你爹有什么三长两短，我们这一大家以后怎么过日子？"

孙策望着母亲，劝解道："娘放心，吉人自有天相。再说，父亲时常教导我们，大丈夫宁可死在疆场，也不愿苟且偷生！"

孙夫人道："道理娘懂，当年你父亲跑到我家，我非要嫁给他。全家人都不同意，我自己答应了这门婚事，我看出他是一个有大志的男人，国家乱世，需要这样的英雄男儿。希望你和权儿日后也要像你爹一样，雄心大志闯大业。”

母子俩正交谈，周瑜走进屋子，告诉孙夫人道：“孙夫人不必担心，孙大将军已兵围襄阳城，荆州指日可待。”

孙策一把拉过周瑜，激动地说道：“你派去的人回来了？”

周瑜道：“是的。我一得到消息，就赶来向夫人禀报！”

孙夫人激动得热泪盈眶，她一手拉着孙策，一手拉着周瑜，对两人道：“周公子啊，策儿和你是八拜之交，愿你们永远相好，亲如兄弟。”

周瑜和孙策一起跪下，周瑜对孙夫人道：“我与兄台神交已久，从第一眼见到就感觉亲如兄弟。母亲大人在上，受儿子一拜！”

周瑜和孙策三拜后，孙夫人又对孙策和周瑜道：“伯符大公瑾一月，你以后要像对待孙权弟弟一样，照顾瑜儿！”

周瑜看着孙策朝母亲点头允诺。

六月初三，周府十余顶花轿随周瑜和孙策、孙权来到冶父山。孙夫人进了寺庙，他们为孙坚祈祷拜佛求神。孙策和周瑜、孙权和大乔、小乔一行来到战国时欧冶子铸剑池。

孙策道：“此天池，铸造过天宝七星神剑！”

孙权道：“天宝七星神剑，一直没有再现于江湖，听说当年铸造几年不成，最后用童男童女，才铸造成功。天宝七星神剑，快快显身！”话音刚落，刚才好好的晴朗天气，忽然狂风骤起，乌云遮日。一声天雷响起，一场暴雨骤然而下。

孙策和众人来不及躲进寺庙，跑到铸剑池边上一处山坡躲雨。孙策和周瑜等人挤在一起，大乔、小乔早已被雨水淋湿了衣服，一脸的羞涩。孙策和周瑜、孙权不好意思地转过了身子，三人背对着围在外边。

大乔道："好好的天气，怎么忽然就乌云遮日风雨交加了呢？"说着，随手捡起一块石头，用力朝洞边的一块石头砸了过去。倏然，只听一阵响声，一座石门打开。孙策和周瑜大惊，不知发生了什么。孙权却大喜，接着道："说不定七星神剑就在里面。"说着，向洞里跑去，孙策、周瑜也跟着跑入山洞。他们刚往洞里走了几十米，只见洞里突然闪出一道光芒，像一道彩虹一样悬在空中。孙权大叫一声："七星宝剑！"一个纵身跳跃而起，顺手抓住那把宝剑。就在孙权抓住七星宝剑的时候，洞外，忽然间风止雨停，西天挂起一道七色的彩虹。

第二天，周瑜和孙策、孙权、大乔、小乔等人前来白云寺，把昨日获得天宝七星神剑的奇事告诉了住持。住持听后，合起双掌道："天缘！"接着，将一册《天宝七星剑剑谱》交给孙权，叮嘱："将来为国家社禝(jì)斩妖除魔，永保天下太平。"

小乔插嘴道："我和姐姐的姻缘，住持能否点化？"

住持哈哈一笑道："你姐姐结婚之时，就是你大喜的日子。"

小乔朝周瑜瞟一眼便羞红了脸低下头，正欲离开，被住持叫住。而后，将她领入一间房舍，将一只包裹交给小乔，叮嘱道："公瑾三十六岁有一难，切记！"

小乔接着问孙策和姐姐的婚事，住持又叹了一口气，道："老衲已经把天机泄漏，就遂了你的心愿吧。孙伯符面相中像少了一个长寿星，大乔怕是得到一个虚名，这是天意，天意不可违。"

小乔想知道为什么姐姐为何如此薄命，住持摇手打住。当晚，住持圆寂。

那天晚上，周瑜回到家中久久不能入睡，于是，点亮油灯，捧过琴席地而坐，双手抚琴，一曲《长河吟》弹得风声云雨俱悲。"风萧萧，水茫茫，暮云苍黄雁声寒。斜阳外，浪涛涛，滚滚东流辞意健。奔入海，何艰辛，长风乱石阻归程。纵南行，挥手去，直捣沧海会有时。问人生，叹华年，时不我与华叶衰。举杯醉，对月吟，愁肠千结寒声碎。长河水，奔腾急，壮志难酬空悲切。知音少，洒泪还，断弦残曲与谁听？"

不久，两位夫人各自差遣媒婆携带彩礼，前往潜水乔家为孙策与大乔、周瑜与小乔订下婚事。

吕　婆　店

撰稿：刘宗勇

巢湖市银屏镇地处巢湖南岸，东与含山毗邻，南与无为接壤，裕溪河从东面沿镇南流。就在这块风水宝地，有个叫吕婆店的地方，现在是银屏镇政府所在地，也曾是银屏区政府所在地。这里办过工厂，建过中小学，设过医院、粮站、供销社，周边的茶馆、饭店更是比比皆是，可谓交通要道繁华之地。

然而，少有人知道这处叫吕婆店的地方与三国有关。故事得从东汉末年说起。

东汉末年，群雄并起，曹操、孙策、孙权、吕布、袁绍、袁术、刘表、张鲁、刘备等各路豪杰纷纷登场，壮志拿云，要名扬天下。冀州牧袁绍麾下有一谋士吕范，此人饱读经书，满腹经纶，文武双全。吕范察觉袁绍嫉贤妒能，心胸狭窄，难成大事，决意离开袁氏，投靠江东孙权。而此时，袁绍也已察觉吕范有异心，遂暗地派人监控吕范、妻儿及家人。吕范发觉自己和家人被盯梢，加快了逃离邺城的行动。一番谋划后，趁着一个大雾天气，携带家小逃出郯城,南逃而去。

却说,古时中原和北方的人要去江南大凡要经过居巢,而后从濡须河坐船渡江,但江岸常有强盗和兵匪劫财杀人,十分凶险。同时,吕范还担心袁绍会派杀手跟踪追杀。为渡过暂时难关,吕范和妻子冯氏商量后,在此交通要道处买下一处房产,利用巢湖盛产大米和鱼虾,开设饭店,目的是,一边开店为全家人谋生,一边打探前往江南安全路径。为掩人耳目,饭店取名"吕婆店"。

不久,吕范找到了一名经常去江南做买卖的当地商人,但是,这位商人说过江很危险,一家妻儿老小十几口无法一起过江,只答应带吕范一人过江。吕范不忍心丢下妻子和家人独自前往江南,准备放弃。冯氏知道后,劝说丈夫赶紧前往江南,否则,待袁绍派遣的杀手赶到,不仅他的性命不保,还会殃及全家人的性命。吕范听妻子这么一说,不再犹豫,含泪告别妻儿家小后,跟随那位商人,装扮成渔民乘坐渔船安全过了长江。

吕范到江南后深受孙权器重,委以重任。吕范也不负主帅厚爱,日夜操劳东吴政权国事军务,但也没有停止对巢湖岸边银屏山下家人的思念。渐渐地对家人的思念,变成了吕范给孙权献计的主张。吕范建议吴军以攻为守,据险设防,并提出详尽的军事部署计划。孙权采纳了吕范的建议,下令于巢湖入长江的主要河道濡须河上,扼濡须山、七宝山,建设重大军事工程——

东关，又称濡须坞。东吴的军队驻守在银屏山一带，也可保护吕婆店里的吕范妻儿家人。

却说江北银屏山下开饭店的吕妻冯氏也不含糊，虽是大家闺秀，但兵荒马乱中也思索长久之策。考虑到天下不安、夫君难保不出危险，她便广施善意，交结邻居，同时勤学苦练，烧得一手好菜。因菜香价廉，吕婆店的名声很快在当地响亮起来，每天宾客盈门，还有大量路人留宿。

虽然吕妻在店里做小生意，但位卑未敢忘忧国，凭着人来人往，关注着军政大事。常常暗中给吕范捎去曹军的重要军事信息。这样，吕婆店既保护了吕氏妻儿，又充当了东吴秘密情报站的角色。

当时，许多百姓逃避战乱无家可归，便聚集在吕婆店周围。渐渐地，吕婆店不再只是一餐馆旅店，茶馆、客栈、货栈纷纷设立，很快吕婆店成了规模很大的集市。

赤壁之战后，曹操为夺取江东一统天下，亲率大军四越巢湖与东吴在居巢、合肥间大战，吕婆店时而为吴军供粮，时而给曹军做饭，虽不堪其苦，但竟安然存活。

建安二十年(215 年)八月，孙权率水陆大军围攻合肥，最终在逍遥津败北，连辎重也丢失殆尽，幸得吕婆店及时供应吃喝。

公元 229 年，孙权建邺（今南京）称帝，国号吴。孙权追思过去，想起当年吕婆店筹集万斤军粮之事，决定给吕妻加封赏赐，吕范这才接走妻子和一家老小。

吕范接走妻儿，但吕家随从留了下来，吕婆店一直经营传承下来，直到南宋。今天，吕婆店集市上的商家仍然有很多打着吕婆店的招牌。

后　　记

合肥是一座历史悠久的文化古城，自秦代置县，至今已有两千两百多年悠久的历史，积淀了厚重的历史文化。尤其是三国历史，素有“三国故地”之称。公元208年赤壁大战后，魏蜀吴三国鼎立局面形成，至此，合肥便成了魏吴两国的边城。史料记载，赤壁大战后，曹操率水陆大军四次南征，孙权率领水陆大军五攻合肥。

公元220年，自曹操之子曹丕称帝，至曹叡、曹芳、曹髦、曹奂曹魏政权覆灭，四十多年边城战火不断。在这四十多年烽火岁月里，魏吴两国围绕边城合肥展开大小战争上百次之多，也给合肥留下了诸如教弩台、逍遥津、斛兵塘、飞骑桥、操兵巷、回龙桥、八斗岭、曹操河、将军岭、十八岗三国新城等珍贵的历史遗迹，以及张辽大战逍遥津、筝笛浦、藏舟浦、曹操鸡、鸡鸣山、望梅亭等脍炙人口的三国民间故事。

后　记

本书为合肥三国历史文化研究会，为弘扬三国历史文化，挖掘发生在合肥地区有关三国故事，丰富合肥历史文化沉淀，组织有创作能力的会员，历时两年撰写而成。创作中，撰稿会员参阅了《曹操大事记》《孙权大事记》《三国志》有关曹丕、曹彰、曹植、孙策、周瑜、刘馥、蒋济、温恢、张辽、李典、乐进、许褚、司马懿、曹仁等历史人物传记，及《庐州府志》《合肥县志》《庐江县志》，合肥三国遗址公园收集整理的有关三国历史研究文章。

定稿后，经本会历史顾问安徽大学历史系退休教授周老师审核定稿。

由于承担撰稿任务的几位会员，既非作家，亦非历史学者，自费采风、撰稿，所撰写的故事多为民间传说、历史典故，在史料考证及故事编写中，或多或少存在这样那样的缺点和错误，敬请广大专业读者批评指正。

感谢安徽文艺出版社为本研究会宣传弘扬合肥三国历史文化所给予的大力支持！研究会全体会员，借此诚表谢意！

合肥三国历史文化研究会

2021 年 3 月